特別支援学校&学級で学ぶ！

「特別の教科 道徳」とライフキャリア教育

生きる力をつけて
生きる意味と生き方を学ぶ

渡邉昭宏 著

明治図書

は じ め に

( ) 教育は「生きる」あるいは「生き方」の教育である。

この（　）に当てはまる語句は，次の選択肢のどれでしょう。

①道徳　　②人生　　③キャリア　　④ライフキャリア

　実は，この文は，小寺正一・藤永芳純編『四訂　道徳教育を学ぶ人のために』（世界思想社，2016）という本の160ページに出てくる一文を問題にしたものなので，一応正解は①の「道徳」です。しかしどれを正解にしてもいいような気がします。なぜでしょう。それらはみな密接な関係にあるからです。

　そもそも「キャリア教育」は，アメリカで用いられていた本来のニュアンスを誠実に反映するならば，「人生教育」「生き方教育」と訳せます。しかし20世紀の終わりの頃，日本の学校教育には，「進路・進学指導」に代わる言葉として，あえて訳さずに取り入れられました。ニート・フリーター対策として，出口での指導ではなく，小学校段階から就職を意識させる教育が必要だという経済界からの要請が強く働き，「キャリア教育とは，端的にいえば，児童生徒一人一人の勤労観，職業観を育てる教育である」と恣意的に定義づけをされた経緯があります。そうなると，本来のキャリア教育の意味は消え去り，「お仕事教育」「職業選択教育」という側面ばかりが強調された形で，日本語として徐々に根付いていきました。

　それから20年近い歳月が流れて世の中は変わり，労働界は「働かない」対策から「働きすぎ」対策へと課題がシフトしてきました。新学習指導要領では初めて「仕事と生活との調和」いわゆるワーク・ライフ・バランスという言葉が登場しました。過労死，過労自殺を背景に，働き方改革という政策も

出現してきました。これはまさに「転勤・残業・休日返上」など，労使ともに当たり前だと思っていた勤勉な日本人の勤労観・職業観を覆し，「無理をしてまでも働かなくてよい」「一人ひとりのライフスタイルに応じて働けばよい」という，これまでの日本では考えられなかった働き方へと政府主導で変革していくものだといえます。このように，日本の労働界は急速に「人間らしさ」や「人権」重視の勤労観へと変化してきていますが，これはかつて，公害問題を経験して環境重視へ，消費は美徳の時代を経験してエコや省エネ重視へ，原発事故を経験して再生可能エネルギーへと，世の中の価値観が大きく転換してきた経緯とよく似ています。

　この数年，私は，仕事一辺倒で語られる「キャリア教育」の前に，あえて「ライフ」を付けて「働くだけが人生じゃない」「職業人である前に社会人であれ」「生きる力さえつけておけば親亡き後に備えられる」などと持論を提唱してきましたが，「ライフ」をわざわざ付けなくても，「キャリア教育」＝「人生教育」「生き方教育」という本来の意味へ，これを機に立ち返らねばならないのです。

　一方で「特別の教科　道徳」が施行され，ここでは「よりよく生きる」ための基盤となる道徳性とか，自己の「生き方」についての考えを深める学習を通してといった，まさに「人生教育」「生き方教育」が語られています。また施行当時は「主として自然や崇高なもの」となっていた文言が，「主として生命や自然，崇高なもの」という表題に改正され，人権教育として最も大事な「生命」という視点が冒頭に明確に示されました。

　こう考えてくると，これまで多くの知的障害特別支援学校では，特設されることなく，合わせた指導，含まれる指導として，割と軽めに取り扱われてきた「道徳」が，キャリア教育と一体をなすものとして指導されることで，ぐっと重みを増してきます。つまり，単に将来のライフサイクルや人生設計

を考えていくといった時間軸で指導するキャリア教育と，今生活している集団や社会とどう関わり，どう折り合いをつけていくべきかといった空間軸で指導する道徳教育をうまくリンクさせて指導することで，「世の中をどうやって生きていくのか」「どんな生き方があるのか」といった命題を，支援さえすれば彼らなりに整理して考えられるのではと思うのです。

　「生きる力」をつける教育は，将来生きていくためにも必要ですが，同時に今を生きていくのにも欠かせません。そしてそれは障害の有無や種類や程度と関わりなく，みなに必要な教育です。なぜなら誰でもがみな「社会的存在」だからです。その社会の中で，みんなで支え合い，一人ひとりが自分に与えられたり選び取ったりした役割を担いながら，それぞれの立場で，精一杯，意味のある人生を生きていくわけです。この世のすべての人々がそれぞれかけがえのない生命をもつ独立した存在であり，たった一度きりの人生なのです。この世界観こそが，最大の道徳的価値であるとともに，キャリア教育の原点でもあります。

　さらに新学習指導要領では「主体的・対話的で深い学び」いわゆるアクティブ・ラーニングも明記されました。言われたままに言われたとおりにしか動けない従順な指示待ち人間ではなく，自分なりに考えて，やりとりを通じて他者に自分の思いを伝達・表現できるような，主体的で対話的な人間にして社会に送り出さなければ，変化の著しいこれからの世の中を渡っていけません。そのためにも，道徳やキャリア教育が，受け身の学習ではなく，行動やコミュニケーションが伴ったものにならねばなりません。本書では，キャリア教育の視点を取り入れることで，たとえ障害が重くても主体的に取り組める道徳の授業のヒントを紹介していきたいと思います。

渡邉　昭宏

もくじ

はじめに　3

第1章　道徳教育とキャリア教育
≫ 人間性と個性の伸長をめざして

1 **生きている意味と生きていく実践** ················· 8
　互いに尊重され安心して生きていける社会をつくる

2 **人間個人を育てる教育** ························· 14
　支援を受けながら自立して生きていく

3 **社会人・職業人を育てる教育** ··················· 20
　可能な限り社会参加して生きていく

第2章　自分自身に関する道徳教育
≫ 自己理解・自己管理能力を活用して

1 **善悪と行動調整** ····························· 30
　身を守る力と我慢する力をつける

2 **健康と時間，ものの管理** ····················· 40
　生活リズムと身辺自立の力をつける

3 **勇気と努力** ······························· 46
　チャレンジする力と頑張る力をつける

第3章　人との関わりに関する道徳教育
≫ 課題対応能力を活用して

1 **親切と感謝** ······························· 52
　思いやる力と支援を受ける力をつける

2 **礼儀と言葉遣い** ····························· 60
　挨拶とTPPOをわきまえる力をつける

3 **信頼と相互理解** ····························· 66
　はっきり言う力とやりとりする力をつける

第4章 集団や社会との関わりに関する道徳教育
》》人間関係形成・社会形成能力を活用して

1 ルールとマナー，エチケット ……………………………… 76
　応じる力と折り合う力をつける

2 役割と協力，集団づくり ………………………………… 84
　進んでやる力と助け合う力をつける

3 愛着と多文化共生 …………………………………………… 94
　受け入れる力となじむ力をつける

第5章 生命や自然，崇高なものとの関わりに関する道徳教育
》》キャリアプランニング能力を活用して

1 生存と人権 …………………………………………………… 98
　大切にする力と全うする力をつける

2 愛護と感動 …………………………………………………… 101
　愛する力と感じる力をつける

第6章 重度重複の児童生徒への道徳教育
》》生きている存在それがキャリアそのもの

1 かけがえのない社会的な存在である ………………… 106
　毎日を懸命に生きていること自体が道徳的実践

2 人や社会の常識や思い込みを変える使命がある ……… 114
　優しい社会づくりと経済成長になくてはならぬ存在

3 違いを強みにして堂々と生きていけばいい ………… 121
　QOL の向上を図ることがキャリア教育

障害者基本法（抄）　129
参考文献　132
おわりに　133

道徳教育とキャリア教育

● 人間性と個性の伸長をめざして ●

1 生きている意味と生きていく実践
▶▶ 互いに尊重され安心して生きていける社会をつくる

　「生命」に関わる道徳的価値，道徳的心情及び道徳的実践は，小学校，中学校の道徳科の中でしっかり押さえられてこそ，特別支援学校での道徳科の授業が，現実味を帯び，生きたものになってきます。

> D　主として生命や自然，崇高なものとの関わりに関すること
> ［生命の尊さ］
> 　〔第3学年及び第4学年〕
> 　　生命の尊さを知り，生命あるものを大切にすること。
> 　〔第5学年及び第6学年〕
> 　　生命が多くの生命のつながりの中にあるかけがえのないものであることを理解し，生命を尊重すること。

　生命に関わるこの項目は，本来の意図のほかに，新学習指導要領の道徳教育に関する配慮事項に「小学部においては，学校や学級内の人間関係や環境を整えるとともに……その際，いじめの防止や安全の確保等にも資することとなるよう留意すること。」と具体的に明記されているように，昨今のいじめによる自殺（自死）をかなり意識した内容になっています。1人に1つしかない命，生命は最も重要な道徳的価値です。そして道徳的実践という意味では，他人を殺害したり自殺（自死）に追い込んだりするようなことはもちろんしてはならないことですが，自殺（自死）を企図する行為もまた，思いとどまれるようにならないと道徳教育をする意味がありません。

しかし，いくら生命は大切なものという道徳的価値を教えても，世の中から殺人事件は一向になくなりません。特に記憶に新しい「津久井やまゆり園事件」の実行犯のように，人を殺すのに「生きている価値がないから」と勝手に理由づけをして決行してしまうというのは，「優生思想」をはじめとする生命に優劣や序列をつけて選別する自己中心的な論理にほかなりません。また実際に手を下さなくても，この実行犯の言い分に「一理ある」などとツイートした人が少なからずいたのも周知の事実です。さらに相次いで起きる介護職員による高齢者や障害者への暴行殺傷事件や，出生前遺伝子検査も，建前では生命は大切だといいつつ「軽く見てもいい生命」「望まれない生命」といった道徳的心情と相容れない本音をもっている人がいることの現れです。「生命の尊さ」を単なる知識で済ませず，自分自身や，将来家族として生まれてくる子に置き換えて，じっくり考える時間にすることが，特別の教科になった道徳科の使命だと思います。

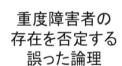

重度障害者は納税者に迷惑をかけないように
ひっそりと隠れて生きていかなければいけないのか

第1章　道徳教育とキャリア教育　9

次の項目は，表向き，いじめを防止する道徳的価値のようにも見えますが，暗に対象として想定されているのは誰なのでしょうか。

　B　主として人との関わりに関すること

［親切，思いやり］

　〔第1学年及び第2学年〕

　　身近にいる人に温かい心で接し，親切にすること。

　〔第3学年及び第4学年〕

　　相手のことを思いやり，進んで親切にすること。

　〔第5学年及び第6学年〕

　　誰に対しても思いやりの心をもち，相手の立場に立って親切にすること。

　C　主として集団や社会との関わりに関すること

［公正，公平，社会正義］

　〔第1学年及び第2学年〕

　　自分の好き嫌いにとらわれないで接すること。

　〔第3学年及び第4学年〕

　　誰に対しても分け隔てをせず，公正，公平な態度で接すること。

　〔第5学年及び第6学年〕

　　誰に対しても差別をすることや偏見をもつことなく，公正，公平な態度で接し，正義の実現に努めること。

　このうち［親切，思いやり］〔第1学年及び第2学年〕は，以前は「幼い子や高齢者など」身近にいる人にとなっていました。具体的な例示がなくなったのは，ここに「体が弱い子」「足の不自由な人」などと加えていくとキリがなくなるからでしょう。また［公正，公平，社会正義］〔第1学年及び第2学年〕及び〔第3学年及び第4学年〕は，今回の改訂で初めて明記されましたが，これらの項目はいうまでもなく，障害者をはじめとする少数派（マイノリティ）である社会的弱者を対象にしていることは明らかです。そ

れも多数派（マジョリティ）の立場での「親切にしてやる」「接してやる」といった，上から目線の「徳目」のような気がします。

　もし，「誰に対しても分け隔てをせず」が道徳的に実践されれば，特別支援学校は不要となり，みな地域の学区の小・中学校に通えるはずです。「誰に対しても差別をすることや偏見をもつことなく」が道徳的に実践されていないから，ヘイトスピーチが行われ，先に述べた津久井やまゆり園事件の実行犯への共感ツイートが平然とまかり通るのだと思います。

　つまり，道徳科の内容に書かれているもの，「道徳的価値」「徳目」というのは，刑罰を伴わない努力義務のようなもので，「なかなか実現は難しいけれど，頑張ってみましょうね」程度のものと，最初から認識されているものがかなりあります。いうなれば理念と現実にあまりにも隔たりがあるため，頭で知識として暗記しても，心や体では率直に反応（道徳的判断や実践）できないがゆえに，事件が起きるといえるでしょう。

　「生命」に直接的，間接的に関わる項目については，小学校や中学校でしっかり指導されないと，社会的弱者の生命が危険にさらされます。いうまでもなく，「生命は分け隔てなく尊重されなければならない」という根拠（エビデンス）となるのが日本国憲法第13条です。道徳的価値も道徳的心情も道徳的実践も，これに基づかなくては単なる「絵に描いた餅」になってしまいます。

> **日本国憲法第13条**
> 　すべて国民は，個人として尊重される。生命，自由及び幸福追求に対する国民の権利については，公共の福祉に反しない限り，立法その他の国政の上で，最大の尊重を必要とする。

第1章　道徳教育とキャリア教育　11

つまり，津久井やまゆり園事件における被害者の生命は，皇族や大臣，タレント，スポーツ選手，社長，教授，医師などの生命と全く遜色ない「かけがえのないこの世でたった1つの生命」であったということを，まず児童生徒に理解させることから始めるのが「道徳科」なのではないでしょうか。ですから，これがもし，「社会的影響力という点で生命の重みが違うでしょう」とか，「パラリンピックの選手ならわかるけど」などといった優劣ありきの反論をされて，気持ちが揺らいだり葛藤したりするようでは，いつまでたっても，我が国から心のバリアは消えません。同胞である社会的弱者を愛することさえ満足にできないのに，先祖を敬い国家を愛せる人づくりを推進するといった道徳科ではどうかと思うのですが，いかがでしょうか。

この図は ICF（国際生活機能分類）で語られる個人因子と環境因子の関係で，キャリア教育と道徳教育を私なりに捉えたものです。ICF は特に障害の有無を前提にしたものではありません。どんな人でも「生きづらい」「暮らしづらい」と感じるときは，個人の中に内在する原因（個人因子）だけではなく，置かれた立場や人間関係といった環境の問題（環境因子）が，「つらさ」を大きくも小さくもしているという21世紀の考え方です。ここで大事なのは，「つらさ」の原因のすべてを環境（周り）のせいにして，環境の改善を図ることだけを求めて解決していくのではなく，個人もまたその改善に工夫や努力をしなくてはならないということです。

　つまり道徳教育というのは，生きづらさの原因を軽減除去していくための環境（社会基盤）づくりといえます。一方キャリア教育というのは，つらさを感じる当事者にも「生き抜く力」をつけて，強くそしてうまく生きていけるようにする教育的アプローチです。この両者が互いに噛み合ったとき，みんながともに生きていく社会の中で，それぞれが抱える「つらさ」が，1つの個性として認められる（許容される，受け入れられる）ようになります。それこそがノーマライズされた，ユニバーサルデザイン化された社会といえるでしょう。反対に「排除いたします」発言で自滅した某政党のように，個人の価値観や信条の多様化を受け入れる許容・寛容の心がなければ，成熟社会では大衆の支持が得られないことは明らかです。

　こう考えてくると，道徳教育とキャリア教育はまさに車の両輪の関係になります。そしてそれは，重度障害者の生命が尊重されて安心して生きていけるというだけではなく，いじめの問題も，LGBT（性的少数者）の問題も，過労自殺の問題も，介護離職の問題も，熟年離婚の問題も，在宅看取りの問題も，すべてこの ICF の構図で考えると理解していけるということに気づかされるのです。

第1章　道徳教育とキャリア教育　13

2 人間個人を育てる教育
》》支援を受けながら自立して生きていく

　道徳教育とキャリア教育は，よりよく生きるための人生の歩み方（生き方）を示唆していくという点では似ていますが，めざす人間像には若干の違いがあります。つまり道徳教育では，「道徳的価値観を備え，道徳的心情をもち，道徳的実践ができる人づくり」といった，ある意味で理想とされる「人間・国民・市民の育成」を求めています。

　これに対してキャリア教育では，「社会的・職業的に自立し，それぞれの人生を豊かに歩んでいける人づくり」といった，「個人・個性の育成」をめざしています。しかしいくら個人といっても好き勝手に生きていっていいはずはありません。社会人・職業人として，社会集団の中で生きていく限り，規範や慣習といった道徳的価値から逸脱すると生きづらくなります。つまり重なる部分がかなり多いのです。

　起業をしてお金を儲けること自体は悪いことではありません。ワークキャリア教育の観点からすれば，むしろ成功例ともいえます。しかしそれがだますことが目的である，ねずみ講（無限連鎖講）やオレオレ詐欺（特殊詐欺）であったら，それを違法とする法律ができる前であっても，道徳教育としては，そんな人づくりをしてしまった失敗例といわざるを得ません。

　恋愛をして結婚に至り家庭をもつこと自体は，「人間としての生き方」からすれば自然なことといえます。しかしそれは，人間としての「1つの生き方」であって，誰しもが結婚して家庭をもたなければならないわけでもありませんし，もちろんそんな法律が将来的にもできるはずがありません。LGBT（性的少数者）の観点からすれば，同性パートナーとの結婚生活も「人間個人としての生き方」として当然あってよいはずです。

ですから，道徳教育が「個人の生き方」にまで関与したり介入したりして，枠をはめてくることになるのは非常に問題だといえます。「人間（とはいうものの，実際には日本国民）なら当然こうすべき，こうあるべき」という暗黙の論理がもし道徳教育の裏にあるとしたら，それは，冒頭に述べた津久井やまゆり園事件の実行犯の，そうでない者は排除するという論理（働かざる者，食うべからず）に通じるものとなってしまいます。

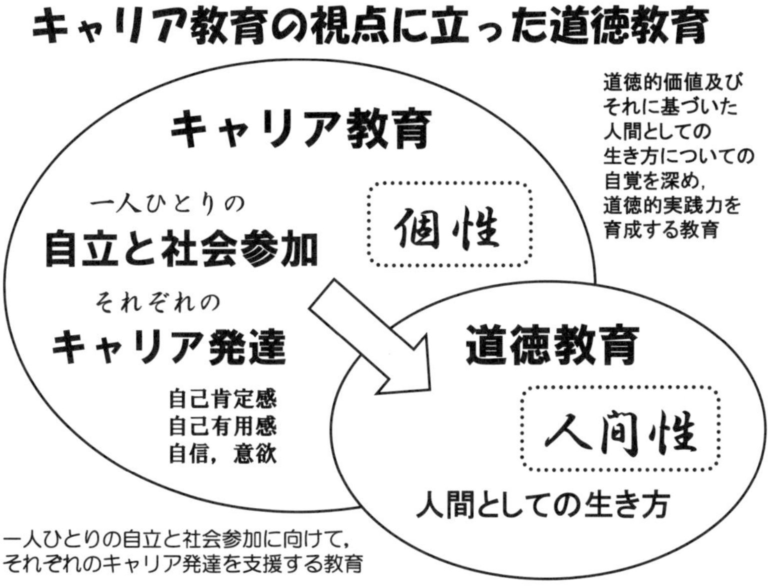

キャリア教育の視点に立った道徳教育

キャリア教育

一人ひとりの
自立と社会参加

それぞれの
キャリア発達

自己肯定感
自己有用感
自信，意欲

個性

道徳的価値及び
それに基づいた
人間としての
生き方についての
自覚を深め，
道徳的実践力を
育成する教育

道徳教育

人間性

人間としての生き方

一人ひとりの自立と社会参加に向けて，
それぞれのキャリア発達を支援する教育

　ですから，上の図のように，単に学習指導要領に書かれている道徳教育をそのまま推進すればいいというのではなく，それにキャリア教育の視点を取り入れるということが，とても大切な配慮事項になるわけです。つまり「個人・個性」あっての「人間性・国民性」であるのであって，戦前の「修身」のように，まず「お国」ありきであってはならないのです。

第1章　道徳教育とキャリア教育　15

このように私は道徳教育そのものを否定しているわけではなく，全体主義や優生思想のエビデンス（根拠・裏付け）になることを大変危惧しています。そのためにも，2011年に中教審が答申した「キャリア教育とは，一人ひとりの社会的・職業的自立に向けて，必要な基盤となる能力や態度を育てることを通して，キャリア発達を促す教育」という定義の中にある「社会的・職業的自立」ということを，今一度考えていきましょう。

　ここでいう「自立」は，1999年のキャリア教育導入当時の「勤労観・職業観の育成」がめざしたような，単に児童生徒を卒業後に就労して「経済的に自立」をさせ，さらに納税の義務も果たせる「自立した市民」にしたてることではありません。立派な労働者，納税者であっても，社会人として問題のある人は大勢います。集団生活をしていくうえでの基本的生活習慣が身に付いていなかったり，自分勝手であったり，ハラスメントを平気でしたり，デ

ータのねつ造や論文を盗用したりといった，まさに道徳教育の内容そのものの問題です。つまり，職業人として育成する前に，まず社会人としてしっかり育成しなければ，卒業後に社会（世の中）へ出てから，みんなとうまくやっていけずに，はじき出されるか，離れて生きていかないとならなくなります。

　この図のように，自立をめざすというのはできることを増やすということではありますが，どんなに増やしても自給自足ができるわけはないので完全自立などということはあり得ません。人にはそれぞれできないことや苦手な部分があり，それをみんなで補いながら生きていくのが人間社会です。だからできないこと，苦手なことを他人に頼むことは決してダメなことでも恥ずかしいことでもないのです。「依頼」は依存や甘えとは違うものです。イラストにもあるように，99％母親が買い物袋を持っていても，子どもが1％だけ力を貸して（手を添えて）くれただけで自立の第一歩だといっていいのです。さらに，子どもが頑張って1人で持てるようになっても，疲れたり落としそうになったときに，「助けて」「お願い」「手伝って」と言ってきたとするなら，それはかなり自立度がアップしたといえます。自立のめざすものは，他人の力（支援）をうまく活用しながら生きていくことにほかならないのです。

C　主として集団や社会との関わりに関すること
［勤労，公共の精神］
　〔第3学年及び第4学年〕
　　働くことの大切さを知り，進んでみんなのために働くこと。
［家族愛，家庭生活の充実］
　〔第1学年及び第2学年〕
　　父母，祖父母を敬愛し，進んで家の手伝いなどをして，家族の役に立つこと。

第1章　道徳教育とキャリア教育　17

この内容項目を素直に読むと，「働くことの大切さはわかっても，思うように体が動けないために進んで働けない児童」や「親を敬愛できても，目が見えないために進んでお手伝いができない児童」は，道徳的実践ができない児童とされてしまうのでしょうか。そしていつまでも社会的・職業的自立ができない人として後ろ指をさされながら生きていかねばならないのでしょうか。そうではなく，できないことは「誰かに頼む」なり「支援を受けながらやる」ことでいいと思います。つまり，何らかの表現方法で支援を求められるようになることが，その児童生徒の自立だと考えればいいだけのことです。

　このように述べてくると，それは，ずる賢い生き方だと非難する人も出てくるでしょう。しかし，心身ともに元気な大学生であっても，仕事に就いたときに，自分の体力や能力の限界をはっきり自覚して，無理せず，早いうちに救援を頼める（SOS が出せる）ようになることはとても重要なことです。なぜなら，そうすることで精神的に追い込まれなくて済み，言い換えれば「生き抜く力（生命を救う力)」になるからです。また，それによって，チーム全体へ与える影響を最小限に食い止めることができます。心身ともにボロボロになることがわかっていても，歯を食いしばって働くのが日本人だといった精神論一辺倒の時代はとうに終わったのです。

　A　主として自分自身に関すること
［希望と勇気，努力と強い意志］
〔第5学年及び第6学年〕
　　より高い目標を立て，希望と勇気をもち，困難があってもくじけずに努力して物事をやり抜くこと。

　しかし，この項目のように，道徳科の内容を読むと，まだまだ，そこかしこに「頑張れ」「負けるな」という精神論が見え隠れしています。反対に「つらいときは助けを求めること」「苦しいと思ったら無理をしないこと」

「あきらめる勇気も時には必要だということ」といった類の内容がどこにも見当たりません。だから，道徳教育の内容を道徳的価値としてそのまま教え込むのは危険であって，そこに，「生きる力（自分の生命を守る力）」を育むキャリア教育の視点を取り込んで指導する必要が出てくるのです。

　最近は駅で「困っている人を見かけたら声をかけましょう」といったアナウンスがよく聞かれます。一時は，白杖歩行をしている視覚障害者の手を引いては障害者の自立の妨げになるといわれた時期もありました。しかし，50歳を過ぎて糖尿病などで中途失明した人に対して「頑張れ」は酷な話です。知的障害者もそうですが，困ったな，どうしようと迷ったときに，何が何でも自分の力だけで頑張ろうとせず，早めに救援を求めることは生きていくうえで大事な「知恵」であり，支援付きであっても「自立」には違いないのです。

第1章　道徳教育とキャリア教育　19

3 社会人・職業人を育てる教育
>> 可能な限り社会参加して生きていく

　社会的動物である「人」は1人では生きていけないので，必ず誰か，もしくは何らかの集団と関わりをもって生きていかねばなりません。ICF（国際生活機能分類）でも，人間は「何かの活動をすること」とともに，「何かに参加すること」が，生きていくための大事な要素とされています。つまり他者との関係の中や，集団・組織・社会との関係の中で，自分らしさを発揮しながら，そこでの自分の役割を果たしていくことが，人間として「生きる」ということになります。

　道徳教育の4つの柱は下の図のように，自分自身，人との関わり，集団や社会との関わり，生命や自然，崇高なものとの関わりというように，自分を取り囲むすべてのものと，「どう関わっていけば，よりよく生きられるか」というつくりになっていると，私は捉えています。

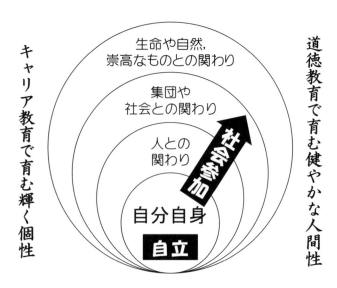

その中でも，最も輝いて充実している時期が，「働く」という活動をしている時であり，「働く社会」に参加しているときです。

C　主として集団や社会との関わりに関すること
［勤労，公共の精神］
〔第5学年及び第6学年〕
　働くことや社会に奉仕することの充実感を味わうとともに，その意義を理解し，公共のために役に立つことをすること。
［よりよい学校生活，集団生活の充実］
〔第5学年及び第6学年〕
　先生や学校の人々を敬愛し，みんなで協力し合ってよりよい学級や学校をつくるとともに，様々な集団の中での自分の役割を自覚して集団生活の充実に努めること。

　ここにも書かれているように「働く」というのは，何も報酬を得るために労働することだけをさしていません。家事労働やボランティア活動などの無償奉仕活動や，生活するには程遠い報酬しか得られない就労継続B型事業所での「生産活動」や，必ずしも報酬と結びつくとは限らない創作活動などをする生活介護事業所での「日中活動」なども，立派に「公共のために役立つこと」をしていることになります。

　そしてこの道徳内容を，そのまま「上司や先輩を敬い，全員で協力し合ってよりよい職場をつくるとともに，様々な組織の中での自分の役割を自覚して職業生活の充実に努めること」と書き換えれば，卒業後の生きた「道徳」の内容になりますし，キャリア教育のめざす柱の1つにもなります。このように「道徳」は，学校に限らず，地域社会（コミュニティ）や，将来所属していくであろう様々な組織に参加し，そこで活躍していくための上手な「関わり方」を示しているといえます。

第1章　道徳教育とキャリア教育　21

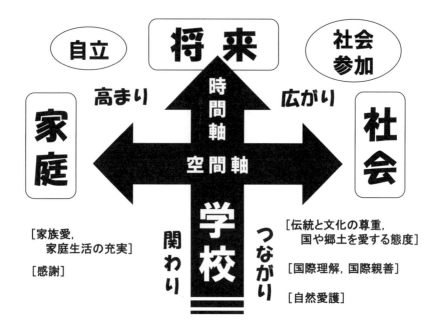

　キャリア教育が，将来の生活に向けて，今の自分を出発点にした時間軸での高まり，積み上げとして捉えていくのに対し，道徳教育は，友達関係，学級，学校，家庭，郷土，我が国，他国，自然という順に，様々な「社会」における広がりとして捉えていきます。つまり，先のことより，今の自分を中心にした空間軸でのつながりを意識させ，それとの関わり方を考えさせていくのです。

　この考え方はキャリア教育においても大切で，社会というのは，学校卒業後にだけ存在するものではなく，小学部の段階においても，スクールバスの車内も，放課後等デイサービス事業所内も，通院している病院内も，買い物に行ったスーパーの店内も，遊びに行ったテーマパークの園内も，みんな社会なのです。つまり，学校でしたキャリア教育が「世間」で通用するかどうかを見極める機会は，現場実習だけではないということです。

人は何らかの形で「社会」「世間」とつながって生きていきたいと願っているものです。孤独が好き，他人と関わりをもちたくないと思っている人もいますが，たとえ「ひきこもり」になっても，誰かが書いたブログやコミックを読んだり，誰かが作ったゲームをしたり，アイドルの動画を見たり，誰かが関与した食事や水分を摂取したりしていて，全く「他人」と関わらずに，情報が断たれた無人島において自給自足で生きていくような生活は絶対にしていないのです。

　「人恋しい」という欲求は誰しもがもっています。ただ相手や集団になじめなかったり，疎まれてしまったりした経験から，ひきこもらざるを得ない人もいます。でも，機会さえあれば，気の合う仲間に出会えさえすれば，いわゆる「オタク」として生き，独自の社会，文化を形成している人々が大勢います。SNSの進化は，こうした人々が牽引したといっても過言ではなく，私たちはその恩恵にあずかっているのだともいえます。

　A　主として自分自身に関すること
［個性の伸長］
　〔第1学年及び第2学年〕
　　自分の特徴に気付くこと。
　B　主として人との関わりに関すること
［相互理解，寛容］
　〔第3学年及び第4学年〕
　　自分の考えや意見を相手に伝えるとともに，相手のことを理解し，自分
　と異なる意見も大切にすること。

　重度の障害者にとっても同じようなことがいえます。たとえ，人に関心を寄せない，他人を見分けられない，関わっても反応が返ってこないように見えても，「一人っきり」にしておいてもいいはずはありません。

第1章　道徳教育とキャリア教育　23

私が「ライフキャリア（生きる力）教育」を提唱し出す以前，こうした重度重複の児童生徒は，「ワークキャリア（働く力を育む）教育」の枠外に置かれていました。卒業後に「働く生活」をするということが考えられないので，在学中にキャリア教育をする意味を見いだせなかったためです。

　「働く」とは，会社組織に労働者として参加することだけではありません。重症心身障害者施設や生活介護事業所で，それがたとえ，午前中だけのデイサービスや週1日の利用であっても，学校に通っていたのと同じように，卒業後に通える場所を確保（進路保障）する意味は大きいのです。覚醒しているときに，集団の中で，いい意味の緊張感をもちながら過ごすというのは，人生にメリハリをつけてくれるものです。それが社会に参加するということであり，社会とつながっているということなのです。

さらに「働く」にとどまらず，この図のように「暮らす」にも「楽しむ」にも社会参加は大切なことです。地域で暮らすには，家庭から一歩「ご近所」に踏み出すことが大切です。乳幼児の「公園デビュー」そして定年後の「地域デビュー」しかり，町内会や子ども会の行事に顔見せし参加することは，最初は勇気がいりますが，相手から顔を知られるだけでも立派な意義があります。「この地域にこういう人がいたんだ」という記憶は，大災害などのときなどに「あの人，まだ避難して来てないね，様子見に行こうか」という気遣う気持ちや思いやりへとつながっていきます。

　道徳の項目にある「みんなで協力し合って楽しい○○をつくる」という構文の○○は，家庭，学級や学校にとどまりません。明記されてはいませんがそのまま，地域社会（郷土），日本社会（我が国），国際社会へと空間軸が広がっていくロジックです。そこで問題なのは，ここでいう「みんなで」の中に重度障害の児童生徒の存在が認識されているのかということです。現実に，彼らの社会参加したい気持ちを阻んでいるのは，どの空間軸からでしょうか。地域社会以前に，もし「学級」や「学校」だとするなら，道徳科の壮大なロジックは足元から崩れてしまうではありませんか。

B　主として人との関わりに関すること
［友情，信頼］
　友情の尊さを理解して心から信頼できる友達をもち，互いに励まし合い，高め合うとともに，異性についての理解を深め，悩みや葛藤も経験しながら人間関係を深めていくこと。
D　主として生命や自然，崇高なものとの関わりに関すること
［よりよく生きる喜び］
　人間には自らの弱さや醜さを克服する強さや気高く生きようとする心があることを理解し，人間として生きることに喜びを見いだすこと。

第1章　道徳教育とキャリア教育　25

この道徳項目は，中学校のもので，いわば道徳科の到達点を示しています。ここで注目してほしいのは具体的に例示されている「異性についての理解を深め」と「自らの弱さや醜さを克服する強さ」という字句です。なぜ「異性や疾病・障害についての理解を深め」とか「自分の弱さや疾病・障害を軽減・克服する強さ」などと表現できなかったのでしょうか。道徳科の内容項目に「疾病や障害」に直接触れたところは小学校・中学校を通じて１つもありません。少なくとも最終段階の中学校では，意識的に特筆してほしかった字句です。「寝た子を起こすな」といった理由であえて省いたのなら，それこそ文部科学省（国家）の偏見であるし，「考えもしなかった」では差別そのものではないでしょうか。

　でもそれが今の日本社会の現実なのです。男女平等参画社会にしても，１億総活躍社会にしても，そこに重度障害者の社会参加という視点がどれだけ入っているでしょう。そして今回の道徳科でも，重度障害者は単に「思いやる対象」「親切にする対象」「助ける対象」であって，道徳的価値を理解し，それを道徳的に実践できる側に立てるはずはないといった捉え方をしていたら，それは恐ろしいことです。そんな道徳教育をやり続けて，津久井やまゆり園事件の実行犯及びその主張に一理あるとツイートしたりする人々が減るはずがありません。

　まずもって，重度障害者が「みんな」そして「社会」の一員であることを忘れないでほしいのです。どんな社会集団でも，全員が同じ仕事・役割をしているわけではなく，それぞれ違う仕事・役割を担い，支え合いながらともに生きています。それが人間社会です。つまり，重度障害者には重度障害者だからこそできる社会での仕事・役割，社会への貢献の仕方があります。それは何かというと，社会での生きづらさや「困り感」を見せて「世の中の常識や仕組みを変える」という極めて創造的な仕事・役割です。

この図を見てください。経済的自立ができない，他人の世話になることしかできないといった経済的合理主義で重度障害者をさげすむのなら，数兆円規模に及ぶ重度障害者関連のビジネスが，低迷していた平成不況の日本経済を支えてきたことに気づいていないことになります。

重度重複障害の人々は
本人がありのままの姿で街に出るだけで

役割 生きていく意義

生きざまや「困り感」を見せて
世の中の常識を変える役割

法律や福祉政策を改革できる人になれる
医学や人間工学に貢献できる人になれる
経済効果や雇用を創出できる人になれる

立派に社会貢献している

　D　主として生命や自然，崇高なものとの関わりに関すること
　　［よりよく生きる喜び］
　　〔第5学年及び第6学年〕
　　よりよく生きようとする人間の強さや気高さを理解し，人間として生きる喜びを感じること。

　バブルがはじけてから，駅やビルのバリアフリー化工事が始まりました。その結果，不況の中で多くの雇用が創出され，工事関係者だけでなく，必要な原材料やエレベーターなどの機器を製造販売する会社員の家族の生活が潤ったでしょう。そうした雇用に支えられて納税額が増え，それを再投資してまた新たなバリアフリー化工事が次々とできました。今や駅にエレベーターは当たり前のことになり，高齢者や大きな荷物を持った観光客などが主に利用しています。でも，こうした経済循環をつくり出したのは誰だったのでしょう。決して高齢者対策として始まったわけではないのです。

第1章　道徳教育とキャリア教育　27

答えは，家にいた重度障害者が次々と駅を利用し始めたからです。その当時は駅員３人がかりで車椅子を持ち上げて階段を上り下りしていました。もし，重度障害者が誰一人として駅を利用しなければ，バリアフリーにする発想も必要性もなかったはずです。でもできあがって便利さがわかるとみんなが使い始めます。また視覚障害者が全く駅を利用しなければホームドアなどというものは考えられもしなかったのですが，やがて全駅に設置されれば，その恩恵にあずかるのは「酔っ払い」だったりします。

　そうなのです。重度障害者が家にひきこもらず，どんどん街に出てきてくれれば，いろいろな社会的不備がわかります。それを指摘して改善すれば，すべての人にとって住みやすい，暮らしやすい街がつくれるのです。「社会」に出てくる（参加する）だけで街を変えられます。決して会社や事業所で「働く」ことだけが「社会参加」ではありません。

　街を変えるだけではありません。人目に多く触れることで，最初は物珍しそうに眺める人が多いかもしれませんが，何度も道で出会ったり，バスに乗り合わせたりしていれば見慣れてきて，自然に接することができるようになってきます。これこそ大切な「道徳的実践」ではないでしょうか。つまり，重度障害者は「社会参加」することで，周りの人々の「心」を変えてしまうことができる，大きな「社会的存在」であり，万民に道徳的価値と実践を真に根付かせるのに「必要不可欠な存在」であるのです。

　もしあの実行犯やそれを支持する人々のように「不要な存在」「邪魔な存在」「無意味な存在」と決めつけるのなら，「誰にも優しい社会」などは永遠に訪れないでしょう。重度障害者を抹殺したら，次に不要な存在を探して抹殺しようとします。結局最後に生き残る特権階級の人々だけが優雅に暮らせる社会をつくるのに利用されているにすぎず，明日はそれに手を貸した自分の生命が脅かされるかもしれないことに気づいてください。

> C　主として集団や社会との関わりに関すること
> ［公正，公平，社会正義］
> 　正義と公正さを重んじ，誰に対しても公平に接し，差別や偏見のない社会
> の実現に努めること。
> ［郷土の伝統と文化の尊重，郷土を愛する態度］
> 　郷土の伝統と文化を大切にし，社会に尽くした先人や高齢者に尊敬の念を
> 深め，地域社会の一員としての自覚をもって郷土を愛し，進んで郷土の発展
> に努めること。

　最後に，上の中学校の道徳項目に触れながら，まとめていきます。先にも
述べたホームドアの設置までには，多くの視覚障害者の生命が失われました。
図らずも「社会の発展」に寄与されたことになります。ホームドアを利用す
るたびに「社会に尽くした先人」への尊敬の念を忘れてはならないと思いま
す。事故が起きるたびに「再発防止策」ということで世の中は少しずつよい
方向へと変わっていきますが，ことが起きる前に先見の明をもって回避でき
るような人づくりこそが道徳教育だと思います。

　2013年3月14日，東京地方裁判所は，障害者も「我が国の『国民』であ
る」「主権者として自己統治を行う主体であることはいうまでもない」と述
べ，被後見人の選挙権を制限する公職選挙法第11条第1項第1号を違憲とす
る判決を下しました。「お父さんとお母さんと一緒に選挙に行きたい」とい
う知的障害のある原告，名児耶匠さんに，裁判長は「どうぞ選挙権を行使し
て社会に参加してください。堂々と胸を張っていい人生を生きてください。」
と語りかけました。この事例は「正義と公正さを重んじ，差別や偏見のない
社会の実現に努める」という道徳的価値を，まさしく障害者自身が道徳的に
実践したモデルといえるでしょう。この判決は制度をひっくり返しただけで
はなく，重度障害者は意思表示ができない，突き詰めれば，意思をもたない
とさえ思っていた人々の心を大きく揺さぶったのです。

第2章

自分自身に関する道徳教育

● 自己理解・自己管理能力を活用して ●

1 善悪と行動調整
≫身を守る力と我慢する力をつける

　道徳的価値といわれるものを文部科学省では，自分自身に関するものと，自分以外のものとの関わりに関することの2つに大きく分けています。

　その中でも，低学年ほど「自分自身に関すること」の比重が高く，まず初めに自覚しなくてはならない道徳的価値と重点づけています。

第6　道徳教育に関する配慮事項

2　各学校においては，児童の発達の段階や特性等を踏まえ，指導内容の重点化を図ること。……また，各学年段階においては，次の事項に留意すること。

(1)　第1学年及び第2学年においては，挨拶などの基本的な生活習慣を身に付けること，善悪を判断し，してはならないことをしないこと，社会生活上のきまりを守ること。

(2)　第3学年及び第4学年においては，善悪を判断し，正しいと判断したことを行うこと，……集団や社会のきまりを守ること。

（下線は筆者）

　特に善悪については，低学年ではまず「悪いことはしてはならない」，そして中学年では「善いと思ったら実行する」という構成になっています。しかし，社会生活においては，そもそも善と悪は絶対的なものではありませんので，道徳的実践をする段階において，「時と場合によっては」とか「場に応じて」，「悪いと思ってもする」とか「善いと思ってもしない」という選択肢を実際には残していることになります。実はこの微妙な部分が，知的障害や発達障害がある児童生徒への道徳教育をとても難しいものにしています。

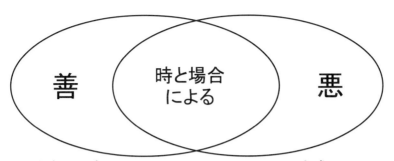

「悪いこと」について，具体的には道徳科の指導内容には書かれていませんが，子どもたちは就学前から，保護者に，そして保育所，幼稚園の先生たちから，「そんなことをしてはいけません」と叱られたり，「そんなことしたらお巡りさんにつれていかれますよ」などと脅しをかけられたりしながら育ってきています。いわゆる「しつけ」です。

・うそを ついては いけません。
・ともだちを たたいては いけません。
・人の ものを とっては いけません。
・いじわるを しては いけません。
・悪口を 言っては いけません。
・人の ものを かくしては いけません。

第2章 自分自身に関する道徳教育

これは，文部科学省著作教科書「わたしたちの道徳 小学校1・2年」の42，43ページ「してはならないことがあるよ」にある，「悪いこと」の例示ですが，この6つを特に取り上げたのには意図がありそうです。はじめの3つは悪質になれば，詐欺罪，偽証罪，傷害罪，暴行罪，窃盗罪といった刑法犯に至るものですが，あとの3つは軽犯罪法には触れるかもしれませんが，したからといって直ちに刑法上の懲罰の対象にはなりません。つまり，法令レベルではなく，道徳レベルでの「悪いこと」になります。

これらはいずれも，小学校低学年の教室内ではよく見られる行為ですが，低学年の児童たちはこれらを悪意でするというより，実際には「いたずらで」「悪ふざけで」「おもしろ半分で」してしまうということが多いでしょう。しかし，それらは悪いことという道徳的な価値づけをこの段階でしっかりしておいてあげないとなりません。なぜなら，これらの行為は，いずれ「いじめ」という非人道的な行為へと発展するおそれがあるからです。すなわち「叩く」「ものを取る」「いじわるをする」「悪口を言う」「ものを隠す」はまさに陰湿ないじめの代表的な手段ですし，問いただされたときに，やっていないと「嘘をつく」ことはもっといけないことになります。

ところが，特別支援学校小学部の場合はどうでしょう。単純にいじめ防止という観点でこれらのことを「悪いこと」として教えることはかなり難しいことです。なぜなら「友達を叩く」といった行為1つとっても，他害行為という障害であるかもしれないし，気を引きたいがための行為であるかもしれません。「人のものを取る」という行為も，自他の所有の区別ができないとか，名前の文字が読めないとか，似たものの認知が難しいといった障害に起因するものかもしれません。「隠す」に至っては，整理整頓が難しくて自他のものがごちゃごちゃになり，結果的に隠したと「冤罪」にされてしまうことだって考えられます。これらは特に通常の学級に在籍する発達障害の児童にとっては深刻な事態へと発展しがちです。

　上の図のように，パニックや強度行動障害がある児童生徒の中には，友達を叩いてしまって，双方の保護者同士がいがみ合い，担任が間に入って困ってしまうケースが特別支援学校では珍しくありません。再発防止策としては，本人には諭してもわからないからといって，身体拘束をしたり，「叩かれるとこんなに痛いんだぞ」と実際に教えたりしたら体罰ですし，物理的な空間や動線などを工夫して「接する機会をなくす」とか，そういう子に「近づくな」と教えるのも問題です。なぜなら，それらの対処法は「道徳教育」の観点からいえば，道徳的実践に反することになるからです。

　ここで参考になるのが，キャリア教育の基礎的・汎用的能力の１つ「自己理解・自己管理能力」つまり「気持ちを整え，ルールを守りながら，可能性を信じて，自分からチャレンジすることができるようになる力」という考え方であり，これを育てることが「道徳教育」に結びつきます。

「今後の学校におけるキャリア教育・職業教育の在り方について（第二次審議経過報告）」（2010年5月17日）における「基礎的・汎用的能力」の解説によれば，

「自己理解・自己管理能力」は，自分が「できること」「意義を感じること」「したいこと」について，社会との相互関係を保ちつつ，今後の自分自身の可能性を含めた肯定的な理解に基づき主体的に行動すると同時に，自らの思考や感情を律し，かつ，今後の成長のために進んで学ぼうとする力である。
　この能力は，子どもや若者の自信や自己肯定感の低さが指摘される中，「やればできる」と考えて行動できる力である。また，変化の激しい社会にあって多様な他者との協力や協働が求められている中では，自らの思考や感情を律する力や自らを研さんする力がますます重要である。これらは，キャリア形成や人間関係形成における基盤となるものであり，とりわけ自己理解能力は，生涯にわたり多様なキャリアを形成する過程で常に深めていく必要がある。具体的な要素としては，例えば，自己の役割の理解，前向きに考える力，自己の動機付け，忍耐力，ストレスマネジメント，主体的行動などが挙げられる。

とされています。

　重度の知的障害者や精神障害者の場合は，14歳未満の児童と同じく，法律に触れるような悪い行為を実際にしても，刑事責任能力という問題が生じてきて，治療や指導の対象にはなっても，刑務所に入って罰を受けて，罪を償うという事態にはなりません。ところが現実には，受刑者の中に知的障害者がかなりいるという話をよく聞きます。「厚生労働科学研究報告書」（2009）によれば，受刑者の22.8％がIQ69以下であると示されています。もちろんこの受刑者たちすべてが知的障害者とはいえませんが，知能テストの標準偏差から推定するIQ69以下の理論値は2.3％ですから，ほぼ10倍の確率で受刑者になる可能性があるということになります。

そういう意味でも「触法」は，道徳教育のみならず，キャリア教育の観点からいっても，特別支援学校においては避けて通れない重要な「指導課題」であることに間違いはありません。知的障害者は，純真だから悪いことはしないものの，パシリに使われたり，要領が悪くて捕まってしまったりするにすぎないと擁護するだけでいいのでしょうか。そうではなく，「悪いことには関わらない」「誘われても断る」「わからなかったら信頼できる大人に相談する」「脅されたら警察に言う」といった対処法をことあるごとに教えて，それをいろいろな場面で実行できるようにしておくことこそが，将来生きていく力をつける「キャリア教育」であり，社会で通用する道徳的実践力をつける「道徳教育」だといえるのではないでしょうか。

　先の事例に戻せば，被害者は加害者と今後一切接点を断つというのが最善の解決方法ではなく，キャリア教育の観点でいえば，叩かれる前なら，「叩かれそうになったら身をかわす」「興奮しているときにちょっかいを出しにいかない」，叩かれてしまったら「黙っていないで『痛い』と言う」「先生にちゃんと事実を伝える」「席替えをしてほしいなど相談する」といったことが，「自分の身は自分で守る」という生涯役立つ大切な生きる力（自己理解・自己管理能力）となっていきます。と同時に〔第３学年及び第４学年〕「正しいと判断したことは，自信をもって行うこと。」という道徳的実践につながるのです。

　加害者の側は，物理的に接点が断たれて，叩くという「悪いこと」ができなくなっても，本人の感情は収まるわけではありません。「叩く」という行為に及ぶ感情の原因や背景が修正されない限り，別の「行為」として発現する可能性が十分あります。向精神薬や精神療法といった医学の力を借りながら「行動療法」や「認知療法」を行っていく必要があります。その過程において，最も必要なのが「我慢する」，つまり自己の感情や行動を制御（コントロール）するという自己管理能力の育成です。

第２章　自分自身に関する道徳教育　35

「叩く」だけではなく、「人のものを取る（盗む）」「意地悪をする」「悪口を言う」「人のものを隠す」については、理由はどうあれ、善か悪かと問われれば「悪」と、知的障害の児童生徒でも躊躇なく答えられるものですが、「嘘をつく」だけは一概に「悪」と決めつけられないところがあります。

「嘘」は、時と場合によって判断基準（物差し）が異なってきます。「善良な嘘をつく」ことは自分にとっては「後味が悪い感じ」でも、他人のためを考えると仕方ない判断だったということもあります。それは、善悪が「自分自身」における価値判断であるのに対し、仕方ないかどうかは「人との関わり」における価値判断だからです。

児童生徒がお母さんを喜ばせよう、悲しませたくないためにつく嘘は、道徳的行為としては悪ですが、キャリア発達の観点からいえば、むしろ「少し大人になった」ともいえます。つまり、道徳的価値として「善悪」を学んで道徳的実践を推奨する段階と、少しずつ大人になって、何もかも「正直」に言うことが、かえって相手の心を傷つけることもあるということがわかってくる段階では、価値も実践も変わってきます。ちょうど横断歩道で青信号になって渡るという「原則」を学んだあとで、横断歩道も信号もないところでは、車が来ないかよく見て渡るという「例外」を覚えていくのと同じです。ただ問題なのは、知的障害や発達障害の児童生徒にとって、どこまでが「原則」で、どこからが「例外」かという見極めが、1人ではなかなか判断ができないケースが多いということです。特別支援学校の新学習指導要領第3章に次のように書かれているのは、まさにその点です。

知的障害者である児童又は生徒に対する教育を行う特別支援学校において、内容の指導に当たっては、個々の児童又は生徒の知的障害の状態、生活年齢、学習状況及び経験等に応じて、適切に指導の重点を定め、指導内容を具体化し、体験的な活動を取り入れるなどの工夫を行うこと。

質問1

表出言語が少ない知的障害の児童生徒に対して，どのような方法で，「善悪」に関する道徳の授業を展開すればいいですか。

❶善 ＝ していいこと ＝ ほめられること ＝ ○

　悪 ＝ してはいけないこと ＝ しかられること ＝ ×

　といったように，本人たちにとって理解できる言葉に置き換えます。

❷児童生徒たちに○×カードを持たせます。

　先生方が目の前で寸劇をします。

　寸劇が終わったところで，○か×のカードをそれぞれ挙げさせます。

　「○だと思う人はA先生のところに集まりましょう。× だと思う人はB先生のところに集まりましょう」といったゲーム形式もいいです。

　カードがないときは，両手で○や×をつくるジェスチャーをするのもいいです。

❸○や×の理由を聞きますが，そのとき「なぜ○ですか」といったオープンクエスチョンではなく，「１番〜だから，２番〜だから，３番〜だから，さてどれでしょう」というようなクローズドクエスチョンにして番号で答えさせたり，「１番だと思う人！」と言って手を挙げたりさせます。

質問2

例えば，友達を叩いてはいけないということを道徳科で教える場合，具体的にはどのような授業展開になりますか。また，キャリア教育の視点をどうやって入れればいいですか。

「叩く」という行為を一方的にいけないと叱ってなくさせるより，叩いてもほめられることもあるというように教えていくと，叩きたいという気持ちや，叩く行為そのものが質的に変化して，行動が改善されることがあります。

第2章　自分自身に関する道徳教育　37

「みんなで肩叩きをしよう」というテーマで，キャリア教育の視点を取り入れた道徳科の授業を紹介します。

〈展開例〉

❶「これからA先生とB先生が２つの劇をします。それぞれの劇が終わった後に，していいことか，ダメなことかを○×カードで答えてもらいます」と予告をします（児童生徒の把握上，実際に劇ができないときは，あらかじめ動画を撮っておいて放映します）。

❷「では１番の劇です」と言って，A先生（たぬき）が登場。歩いていると後ろからやってきたB先生（きつね）が，A先生の頭をポンと叩いて行ってしまいます。A先生は，頭を押さえて痛そうにしています。「さて，きつねさんがしたことは○ですか？　それとも×ですか？」と児童生徒に問いかけます。児童生徒は一斉にカードを挙げます。

❸「Cくん，どうして×なの？」などと，言えそうな児童生徒に聞きます。

❹「次は２番の劇です」と言って，A先生（たぬき）が登場。後ろからB先生（きつね）がやってきて，A先生の肩をトントンと肩叩きをして行ってしまいます。A先生は気持ちよさそうなしぐさをします。「さて，今度のきつねさんがしたことは○かな？　×かな？」と同じように聞きます。

❺「さて，どちらも『叩く』でしたが，何が違うのか，みんなで考えてみましょう」と言って，次の表を埋めていきます。文字が難しい場合は写真やイラストを貼っていきます。

	１番の劇	２番の劇
たたく場所	（あたま）	（かた）
たぬきの気持ち	（いたい）	（きもちいい）
きつねの気持ち	（おこっている）	（ほめられたい）

❻「では，きつねさんに肩叩きしてもらいたい人？」「はーい」「Dくん，あとで感想を聞くよ」「きつねさんお願いします」トントン叩きます。「Dく

ん，どんな気持ちがしましたか」気持ちよかったとか，くすぐったいといった答えが返ってくるといいですね。

❼「今度は，きつねさんの肩叩きをしてくれる人？」「はーい」「Eさん，お願いします」ドンドンと強く叩きます。「きつねさん，どうでしたか，何か痛そうでしたね。強すぎたのかな？　肩叩きをするときは，ドンドンではなくトントンがいいみたいだね」

❽今度はお友達同士で叩いてみましょう。途中で交代しますよ。

❾「さて，肩叩きをするときは，こんなルールもあるんだよ。少しずつ言えるように練習しようね」と言って表を貼り出します。

・「叩いてもいいですか」と言ってから始めましょう。

・叩いてほしかったら「お願いします」と言いましょう。

・叩いてほしくなかったら「いいえ」と言いましょう。

・終わりにしてほしいときは「もういいです」と言いましょう。

・続けてほしいときは「もっとしてください」と言いましょう。

・叩いてもらったら「ありがとう」と言いましょう。

「さあ，みんなで一緒に言ってみましょう」

❿「今日の道徳の学習，どうでしたか。今日の感想を聞いてみましょう。叩くのと，叩かれるのとどっちがよかったですか？　肩叩きをすると喜んでもらえるんだね」

⓫「Fさん，おうちに帰ったら誰の肩を叩いてあげますか？　上手に叩いて喜んでもらおうね。これで道徳のお勉強を終わります」

〈キャリア教育の視点（自己理解・自己管理能力を中心に）〉

・他人の役に立つことをする（喜んでもらえる自分を知る）

・行動調整や力加減をする（暮らしの中で肩叩きができる）

・意思や感情を表現する（相手に要求や気持ちを伝えられる）

第2章　自分自身に関する道徳教育　39

2 健康と時間，ものの管理
>> 生活リズムと身辺自立の力をつける

A　主として自分自身に関すること

［節度，節制］

〔第1学年及び第2学年〕

　健康や安全に気を付け，物や金銭を大切にし，身の回りを整え，わがままをしないで，規則正しい生活をすること。

〔第3学年及び第4学年〕

　自分でできることは自分でやり，安全に気を付け，よく考えて行動し，節度のある生活をすること。

〔第5学年及び第6学年〕

　安全に気を付けることや，生活習慣の大切さについて理解し，自分の生活を見直し，節度を守り節制に心掛けること。

　この「道徳科」の内容にかなり近いものが，新学習指導要領の「生活」や「自立活動」の内容にも書かれています。それだけ，特別支援学校の児童生徒にとって，この道徳的価値を身に付けて，道徳的実践ができるようにすることは，将来的に自立と社会参加をして，地域で生活していくうえでの重要な学習内容だといえるでしょう。

知的障害特別支援学校小学部［生活］○2段階

ア　基本的生活習慣

　食事，用便，清潔等の基本的生活習慣に関わる学習活動を通して，次の事項を身に付けることができるよう指導する。

　(ア)　必要な身辺処理が分かり，身近な生活に役立てようとすること。

　(イ)　身近な生活に必要な身辺処理に関する基礎的な知識や技能を身に付け

ること。
イ　安全

遊具や器具の使い方，避難訓練等の基本的な安全や防災に関わる学習活動を通して，次の事項を身に付けることができるよう指導する。

(ア)　身近な生活の安全に関心をもち，教師の援助を求めながら，安全な生活に取り組もうとすること。

(イ)　安全や防災に関わる基礎的な知識や技能を身に付けること。

ウ　日課・予定

絵や写真カードを手掛かりにして，見通しをもち主体的に取り組むことなどに関わる学習活動を通して，次の事項を身に付けることができるよう指導する。

(ア)　身近な日課・予定が分かり，教師の援助を求めながら，日課に沿って行動しようとすること。

(イ)　身近な日課・予定について知ること。

自立活動
(1)　健康の保持
　(ア)　生活のリズムや生活習慣の形成に関すること。
(5)　身体の動き
　(ウ)　日常生活に必要な基本動作に関すること。

ただ，上記の「生活」「自立活動」の内容が，知識や技能を習得し，それを実生活の中で使えるようにすることが学習課題になっているのに対し，道徳科ではさらに，わがままをしないで，よく考えて，節度を守った実生活を送るという道徳的価値と道徳的実践という負荷がかかってきます。知的障害や発達障害のある児童生徒にとっては，キャリア教育という観点からも，学校卒業までに避けて通れない学習課題となります。

「夜更かし朝寝坊」「早起きは三文の徳」など生活リズムに関する教えは昔からありましたが，塾通いやテレビゲーム，SNSの発展に伴い，児童生徒の生活が「夜型」になり，健康を害するような生活リズムの乱れが顕著になっています。それは特別支援学校の児童生徒でも例外ではありません。いうまでもなく，規則正しい生活は，「心身の健康や安全」が担保できるものですし，「ほどほどに」「控えめに」という自分を律する強い気持ちがないとなりません。ですからこの対立軸として，「だらだら」「わがまま」「誘惑に負ける」「のめり込む」「だらしない」「怠惰」といったものが挙げられるでしょう。また，これは1日の生活リズムのことだけではなく，ギャンブル，飲酒，風俗，薬物，キャッシングなどの浪費や依存症の問題にも関係してきますし，セルフネグレクト（自虐）の代表格である「ゴミ屋敷」も同じ構図だといえます。

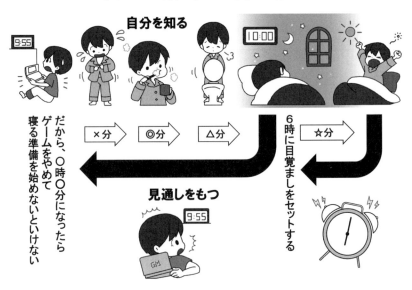

この図をご覧になってわかるように，自己理解能力とは「自分を知ること」，つまり，パジャマに着替えて，歯磨きをして，トイレを済ませるという就寝準備に自分はどのくらいの時間を要するのかを知ることです。そして自己管理能力とは「見通しをもって自分を律すること」，つまり，就寝準備に要する時間を勘案して，行動を切り替えるタイミングを計ることです。同じように，明朝は6時に起床するので目覚ましをセットするとか，自分には8時間の睡眠時間が必要だから10時には寝ないといけないといった自己管理能力が問われるわけです。特に，好きなこと，楽しいことを切り上げる「意志の強さ」は，生活全般や生きていくうえで是非培わねばならないものです。これがないと「不摂生」な生活になります。キャリア教育が当初問題にしたニートやひきこもりの日常生活がまさにこれです。心身の健康が蝕まれては，生存そのものが脅かされてしまいます。

第2章　自分自身に関する道徳教育　43

「セルフマネジメント（自己管理，自律）」をするものは，時間やスケジュールだけではありません。この図のように，金銭や物品の管理や，体重や体調の管理も必要です。それもただ漫然としていればいいわけではなく，例えば体調管理でいえば，「明日遠足に行けるように」とか「将来，生活習慣病にならないように」といった，先に明確な目的があると「意志」の力が働きやすくなります。つまり目標や計画，経過が「見える化」されることで，「意識化」されて，やる気が出てくるわけです。

　そしてこれらが，習慣化されてくると「時間感覚」「金銭感覚」「体調感覚」といわれるような無意識のうちに自分自身の行動を抑制できる自己基準をもてるようになります。体調管理でいえば，「もっと食べたいけど，このくらいでやめておこう」といった腹八分目を自覚できるようになることです。金銭管理でいえば，「これも欲しいけど，あとでお金が足りなくなると嫌だから，今日は買わない」といった家計や予算のやりくりを想定した買い物ができるようになることです。「道徳教育」というのはまさに，自分の心にこうした自己基準を育成することではないでしょうか。

　「節度，節制」というのは，節約や節水といった経済の低成長時代にふさわしい概念で，資源循環型社会，再生可能エネルギー社会，少子高齢社会などにも相通じる考え方です。平成大不況を経験した今，いくらアベノミクスを展開しても，一向に個人消費が伸びず，景気回復を実感できないのは，まさに節約志向が国民に深く根付いてしまったからといえます。「もったいない」という考え方は，まさにこの「節度，節制」という道徳的価値を実践するものだといえます。さらに今やこれが「働こうと思えばまだ働けるけど，定時で切り上げて帰ろう」という「働き方改革」に必要な道徳的実践力にもなってきました。さらに，「節度，節制」は，次章以降で述べる「立場や場をわきまえる」という人との関わり方にも深く関係してきます。

> **質問3**
> 重症心身障害児を担任しています。日々の健康管理や排泄指導に追われる中で，どのような道徳教育が考えられるというのでしょうか。

　いったい何をすることが道徳教育なのか，その意味に疑問をもたれているのですね。そうしたときに，頭に描いてほしいのが，次の図に挙げたような小学校1・2年生の道徳項目です。これらのうちの特に太字の部分については「自立活動」を中心に摂食指導，排泄指導，日常生活の指導，医療ケアといったすべての学校生活場面で日々行われていることばかりです。

小学校第1学年及び第2学年の道徳の内容項目から

健康や安全に気を付け…
身の回りを整え…
規則正しい生活をする

日頃世話になっている
人々に**感謝**する

先生を敬愛し，学校の人々に親しんで，
学級や学校の生活を楽しくする

自分がやらなければならない
勉強や仕事は，しっかりと行う

うそをついたりごまかしをしたりしないで，
素直に伸び伸びと生活する

生きることを喜び，生命を大切にする心をもつ

みんなが使う物を大切にする

気持ちのよい挨拶，言葉遣い，**動作**などに心掛けて，**明るく接する**

　つまり，児童生徒たち自身がこれら道徳的価値を意識したり理解して道徳的実践をしたりしていくことは難しくても，担任の先生方が日々の日常的行為に対してそれを意識して取り組めば，児童生徒の道徳的実践を支援したことになります。「健康と安全に気を付け」て，ただの挨拶を「気持ちのよい挨拶」に，漫然と1日を過ごすのではなく「規則正しく」「学級や学校の生活を楽しく」する支援をすれば，それで道徳教育なのです。

3 勇気と努力
>> チャレンジする力と頑張る力をつける

A　主として自分自身に関すること
［正直，誠実］
　〔第3学年及び第4学年〕
　　過ちは素直に改め，正直に明るい心で生活すること。
［個性の伸長］
　〔第5学年及び第6学年〕
　　自分の特徴を知って，短所を改め長所を伸ばすこと。

　自分の過ちや短所を認め，それを改めるには「勇気」と「努力」がいります。これはキャリア教育でいう「意思決定能力」であって，いくら道徳的価値を頭でわかっていても，実際に行動に移せないと，道徳教育を受けた意味がありません。コンプライアンスには特に大切な視点です。

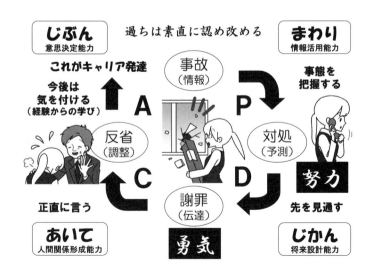

発明王トーマス・エジソンは「１％のひらめきがなければ99％の努力も無駄になる」という意味で「天才とは，１％のひらめきと99％の努力である」という格言を残しました。努力というと，ストレスを感じながらもそれに耐えて頑張るというイメージがあります。ひらめき（Inspiration）はそうした努力が報われる何か，つまりこの部分を「勇気」とすれば，道徳的価値の習得と，道徳的実践力との関係がかなり明確になります。

　昨今の企業や官公庁の「偽装」「改ざん」「不正」「ねつ造」「○○隠し」といったニュースは，最初から「悪いことだが」とか「だまそう」と思って始めたものよりも，途中で誰かがミスや不備に気づいたものの，それを上司に報告しなかったり，報告しても途中でうやむやになったり，上司が握りつぶしたりしたもののほうが多いです。つまりこの図のように，道徳教育がめざすところの「公表して素直に謝って出直す」という「勇気」の方向ではなく，「ばれないように何とか隠そう」「時間を稼ごう」という「誤った努力」の方向に走ったわけです。

　神戸新聞などによると，2016年秋にこんな出来事がありました。ある小学校の印刷室で，環境日記コンテストに応募するために４〜６年生263人が夏休みにつけた日記を保管していたのですが，そのうちの４学級117人分がなくなっているのに気づいたのです。早速職員会議で対応を協議しましたが，児童の学習意欲が低下すると判断し，紛失の事実を伝えないと決定して残りを提出することにしました。そして主催団体には紛失分の参加賞も余分に請求して，それを紛失した児童に渡し，出品したように装いました。しかし年度末にその事実が露呈し，校長は「子どもたちは出品するために日記を出しており，その思いを重く見るあまり事実を伝えられなかった。隠蔽する意図はなかった」と釈明したとのことです。道徳教育をしているはずの教師たちが学校ぐるみで，誤った対処に費やす無駄な努力をし，正直に過ちを認め改められなかった身近な事例だと思います。

第２章　自分自身に関する道徳教育　47

人間は，生きている限り，大なり小なり必ず過ちを犯します。人間がキャリア発達していけるか否かは，過ちを犯したことに気づいた後の行動いかんです。「なかったことにする」「隠し通す」というベクトルでは，ひき逃げ犯と同じです。してしまったことは，取り返しがつかないので，まず「できるだけの応急処置」をして「謝罪」し，「二度と過ちを繰り返さない」という再発防止の取り組みと決意をするというのが，道徳教育で求められている「人間としての正しい道」ですし，昨今いわれる PDCA サイクルとは，まさにこの流れのことではないでしょうか。

　同じ失敗でも全く違う経緯をたどったのが，次の有名な話です。2003年に九州地方のある中学校で，数学者の秋山仁さんを招いて講演会をする企画をしました。ところが講師の手配にあたった仲介者が連絡ミスをして，講演会当日に来校したのは，なんと元プロ野球選手秋山幸二さんでした。慌てた校長は「とんだ手違いですみません」と謝罪する一方で，「是非講演をお願いしたい」と頼み込みました。秋山幸二さんも「自分でよければ」と，講演の「代打」を快く引き受け，「間違えられた秋山ですが」と切り出し，ステージに貼られた「デッカイ夢さえあればなんとかなるさ」という秋山仁さんの演題をそのまま借りて，約１時間半，高校卒業後にプロ野球に行くか大学進学かで悩んだことや，プロ野球での体験談などを語ったそうです。このエピソードは時事通信や読売新聞で広く報じられ，「幸二さんの態度は立派」「人間として大きい」などと反響が寄せられ，呼ばれなかった秋山仁さんも，自分が使う予定だった演題に沿って幸二さんが話せたのは，道は違っても野球と数学は生き様が似ているためで，関係者の失態が，生徒たちにとっては私より有名人の話が聞けて結果的に良かったのでは，と寛大に受け止めたとのことです。それぞれの人々がとった「勇気」と「寛大な心」を学ぶよい道徳教材になると思います。

A　主として自分自身に関すること
［希望と勇気，努力と強い意志］
　〔第1学年及び第2学年〕
　　自分のやるべき勉強や仕事をしっかりと行うこと。
　〔第3学年及び第4学年〕
　　自分でやろうと決めた目標に向かって，強い意志をもち，粘り強くやり
抜くこと。
　〔第5学年及び第6学年〕
　　より高い目標を立て，希望と勇気をもち，困難があってもくじけずに努
力して物事をやり抜くこと。

　この道徳項目は，次の特別支援学校の「自立活動」の目標と似ています。
「粘り強く」「くじけずに」は，まさに，障害から派生する困難を改善・克服
する態度の在り方そのものだといえるでしょう。

　個々の児童又は生徒が自立を目指し，障害による学習上又は生活上の困難を
　主体的に改善・克服するために必要な知識，技能，態度及び習慣を養い，も
　って心身の調和的発達の基盤を培う。

　また，特別支援学校新学習指導要領第3章「特別の教科　道徳」において
も，小・中学校の道徳に準ずるほかに，次に示すところによるものとすると
して，障害に負けないで強く生きようとすること自体が，特別支援学校の児
童生徒にとっての道徳的価値であることを示しています。

　児童又は生徒の障害による学習上又は生活上の困難を改善・克服して，強
　く生きようとする意欲を高め，明るい生活態度を養うとともに，健全な人
　生観の育成を図る必要があること。

「強い意志」や「希望」や「勇気」をもってそれにあたるというのは，困難の改善・克服が並大抵のものではないことを示しています。そうであれば，障害者が日々様々なことに挑戦する姿を，いわゆる健常者に見せることこそが，真の道徳教育になります。それもパラリンピックに挑むようなアスリートといったエリート的存在の人々ではなく，頑張って上履きをはこうとしている，頑張って自助スプーンで口に運ぼうとしている，頑張って這っておもちゃを取りにいこうとする，そんな姿を，ぜひ特別支援学校に足を運んできてもらって見てもらうことです。交流及び共同学習は，お楽しみ会をすることではありません。頑張る姿を見せようと張り切る障害のある児童生徒にとっても，この内容項目の立派な道徳教育になります。

「勇気」というのは「挑戦」という意味合いばかりでなく，人の目を意識しすぎて起きる「恥ずかしい」という気持ちの裏返し，つまり「恥ずかしがらずに」「恥を忍んで」といったニュアンスの場合もあります。幼い子の場合，往々にして人前でも恥じることなく，大声を出したり飛び跳ねたりできます。また，練習のときはだらだらしていても本番になると俄然張り切って拍手喝采の子もいます。でもそれは，ことさら努力しているわけではないので「勇気を振り絞って」というのとは違います。

反対に，人見知りや，シャイな子どもの場合，ちょっとしたことでも，家では平気でできることでも，人前に立つと全く実力が発揮できなくなることがよくあります。「本番に弱い」というタイプです。「場面緘黙」という障害の場合もあります。こうした子どもたちは，それこそ99％の努力・頑張りがあっても，あと１％の勇気がないために，日の目を見ない，場合によっては「できない子」「努力しない子」と評価されてしまうおそれが十分にあります。ですから教師をはじめ支援者は，その１％を引き出すことが腕の見せどころなのだと思います。

> 質問4
> 道徳の授業で，いい意見をもっているのに言い出せず，結果的にほめられないため自己肯定感が高まらない児童生徒がいます。こうした児童生徒の発言をどう引き出したらいいですか。

そのような子に対しては，この図のようなプログラムはいかがですか。

　誰にだって，苦手なもの，うまくできないことがあります。それを正しく知ることが特別支援学校の児童生徒の場合「障害認知」につながりますが，かといって，障害だから「仕方ない」「できなくてもいい」「努力しなくてもいい」ということにはなりません。できないなりにも頑張る，何度でも挑戦するといった姿勢・態度こそが，ここでいう道徳的価値なのではないでしょうか。

第3章
人との関わりに関する道徳教育

● 課題対応能力を活用して ●

1 親切と感謝
>> 思いやる力と支援を受ける力をつける

　他人から親切にされたら感謝の意を表すという，人間関係を築く最も基本的な道徳的価値です。現実に目の前で起きている事象を，ロールプレイなどをしてセットで指導していくと，知的障害の児童生徒にとってもわかりやすい道徳教育になります。

B　主として人との関わりに関すること
［親切，思いやり］
　〔第1学年及び第2学年〕
　　身近にいる人に温かい心で接し，親切にすること。
　〔第3学年及び第4学年〕
　　相手のことを思いやり，進んで親切にすること。
　〔第5学年及び第6学年〕
　　誰に対しても思いやりの心をもち，相手の立場に立って親切にすること。
［感謝］
　〔第1学年及び第2学年〕
　　家族など日頃世話になっている人々に感謝すること。
　〔第3学年及び第4学年〕
　　家族など生活を支えてくれている人々や現在の生活を築いてくれた高齢者に，尊敬と感謝の気持ちをもって接すること。
　〔第5学年及び第6学年〕
　　日々の生活が家族や過去からの多くの人々の支え合いや助け合いで成り立っていることに感謝し，それに応えること。

道徳科であえて2つの項に分けたのは、目の前で「親切」という形で起きていなくても、「愛情」とか「温情」とか「恵み」といったものからくる、広い意味での「親切」にも感謝が必要だからということでしょう。中国の故事に、「水を飲む人は井戸を掘った人の恩を忘れない（喫水不忘井人）」というのがあります。現代の文化生活の中では、誰の発明品だとは知らずに使っているものがたくさんあります。先人たちの有形無形の技術や製品に対しても思いを寄せてみる授業が求められます。

　そうしたときにわかりやすいのが、キャリア教育の「課題対応能力」です。「もし、○○がなかったら」「もし、こういうことが起きたら」といった課題の解決法を事前に想定するトレーニングをしておくと、大災害の際のサバイバル能力としても活かすことができます。

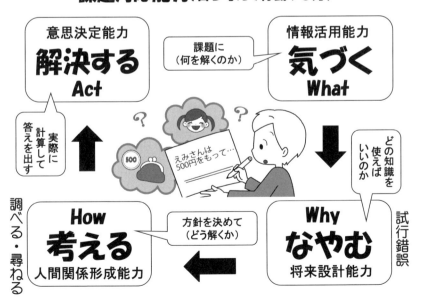

第3章　人との関わりに関する道徳教育　53

「思いやる」「親切にする」「支える」「助ける」といった他者からの働きかけは，ICF（国際生活機能分類）でいう環境因子に相当します。環境因子がプラスされることで，個人因子だけではできないことができるようになります。

前出「今後の学校におけるキャリア教育・職業教育の在り方について（第二次審議経過報告）」における「基礎的・汎用的能力」の解説によれば，

「課題対応能力」は，仕事をする上での様々な課題を発見・分析し，適切な計画を立ててその課題を処理し，解決することができる力である。
　この能力は，自らが行うべきことに意欲的に取り組む上で必要なものである。また，知識基盤社会の到来やグローバル化等を踏まえ，従来の考え方や方法にとらわれずに物事を前に進めていくために必要な力である。さらに，社会の情報化に伴い，情報及び情報手段を主体的に選択し活用する力を身に付けることも重要である。具体的な要素としては，情報の理解・選択・処理等，本質の理解，原因の追究，課題発見，計画立案，実行力，評価・改善等が挙げられる。

と書かれていて，「課題発見（気づく）」→「原因の追究（悩む）」→「計画立案（考える）」→「実行力，評価・改善（解決する）」という先の図の流れで進みます。人間関係におけるトラブルや仲直りの過程は，このキャリア教育の手法を用いれば，ほとんどが解決できます。

このように解決手法は明確なのに，なぜトラブルが尽きないのでしょうか。それは，一番はじめの「課題への気づき」に最大の難所があるからです。つまり「課題として意識できない（感じない）」「何が課題なのか理解できない（わからない）」という人が非常に多いのです。他人が「困っている状態」という情報がそもそも五感でキャッチできなければ，親切にする気持ちそのものがわきません。

つまり，何をしていいのか，どうすればいいのかといった，次の具体的に考える段階まで至らないのです。でも，世の中には「気づきすぎる」という正反対のタイプの人がいます。そうした方の親切は「大きなお世話」「ありがた迷惑」とされてしまうこともありますが，本人は，相手にそう思われていることに「気づき」ません。

　さらに，「無関心という関心」「見て見ぬ振りをする」といった「気づき」はしているものの，次の具体的行動を起こさない人も少なくありません。理由としては，面倒くさいからとか，トラブルに巻き込まれたくないからなど，電車で高齢者等に席を譲ろうとしない人などに多く見られるタイプです。これがもし生命に関することだと大変です。その結果，事件になってしまうと「未必の故意」とか「不作為」という，結果が予測できるのに助けなかった，見捨てたという犯罪になってしまいます。

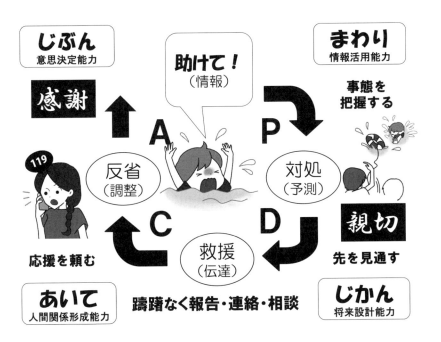

第3章　人との関わりに関する道徳教育　55

この図のように，まず，困っている状態に気づいてもらうことが先決です。そのためには　周りの人がそれに気づく「手掛かり」がないと始まりません。「助けて！」の一言です。白い杖を持った人が佇んでいるからといって，道に迷っているとは限りません。そこで誰かと待ち合わせをしているのかもしれません。しかし白杖を頭上にまっすぐ掲げていたら，それはSOSのサインです。

　特別支援学校の児童生徒の中には，自力登校中，誤って違う方向の電車に乗ってしまったり，乗り過ごしたり，また故意に乗っていってしまったりして，捜索騒ぎになることがあります。こうしたときに，本人が駅員などに困った様子を伝えてくれさえすれば，学校に連絡が来て，すぐにでも救援に向かえますが，そうでないと，なかなか周りに気づいてもらえません。「泣き出す」「失禁をする」「無銭飲食をする」「定期券外の駅で下車する」などといった事態を引き起こせば異変に気づく人は必ずいます。制服姿だと昼間の時間帯に電車内にいるのは変だなと気づく大人もいます。終点まで行っても折り返しですぐに出発する電車も多いので，結局，深夜車両基地に入るまで気づかれなかったというケースも少なくありません。それでも，2017年埼玉県で相次いだ「送迎車」「通園バス」での利用者の降ろし忘れ事件のように，誰にも気づかれないまま車内に放置されることさえあります。テーマパークやショッピングセンター等で迷子になることを含め，いかにSOSを自分から発信できるかが「生きる力」になるかがわかります。東京都足立区で始まったいじめによる自殺予防の「SOS出し方教育」も，まさにこうした発信力をつける道徳教育です。

　バリアフリーそのものは，重度障害者の行動範囲を格段に広げました。しかし，バリアフリーになる前は，すべての人とはいいませんが，階段下で困っている車椅子の人を見たら，誰かが声をかけ，それを見た周囲の人が自然発生的に集まって，手伝ってくれたものです。駅員はそれこそそれが仕事で

した。ところがバリアフリー化された今，当然のように遠回りになっても車椅子の利用者はエレベーターを使用することが求められます。少し前まであったフラットになって車椅子でも乗れるエスカレーターは次々と姿を消していますし，いくら階段のほうが近くても昔のように頼める雰囲気がありません。ホームドアもいずれ普及すると，視覚障害者に声をかけてくれる人もいなくなるでしょう。つまり物理的バリアフリーは両刃の剣で，人の心から「気遣う」「思いやる」「助ける」といった気持ちと，道徳的実践の機会をどんどん奪っていきます。

質問5

よく「小さな親切，大きなお世話」といわれるように，知的障害の児童生徒の中には世話好きな「おせっかい」タイプの子がいます。こうした子にはどのような道徳の授業をすればいいですか。

　こうした児童生徒は，周りのことが気になり，親切の「限度」や，自他の「区別」という理解が難しいので，あえていろいろな場面を用意して，なぜ親切にしなければならないかという「理由」と，手を貸されたときの相手の「気持ち」を考えさせる道徳科の授業が求められます。

　例えば，「電車で座っているとき，どんな人が乗ってきたら席を譲りますか」という問いかけをして，次のような選択肢のカードから選ばせます。
①お年寄り　　②足を怪我している人
③おなかに赤ちゃんがいる人　　④かっこいいお兄さん
⑤きれいなお姉さん　　⑥怖そうなおじさん
⑦担任の先生　　⑧外国の人
　このように，席を譲る必要性がある人とない人が，明らかにわかるような選択肢を用意することで，むやみやたらに「親切」にすることはないということを少しずつ理解させます。

第3章　人との関わりに関する道徳教育　57

次は，給食を配膳し終わったときに隣の子のお盆に，牛乳が置いていなかったことに気づいたというシチュエーションにします。そして，「あなたならどうしますか」と尋ね，また選択肢から選ばせます。
①隣の子の分の牛乳を持ってきてあげる。
②「○○ちゃんの牛乳がありません」と先生に言う。
③「自分で取りにいったら？」と隣の子に言う。
④隣の子が，自分の牛乳がないことに気づくまで黙っている。
　この課題はケースバイケースで正解がないだけに，かなり質的に高く，理由まではっきり本人に聞かないとなりません。その際，単に行動を制止させるのではなく，「○○ちゃんは自分からお話できるようになることがお勉強だから，そっとしておいてね」などと，こちらも理由をはっきり伝えて行動調整させることが大切です。

　続いて，今度は自分が親切にされる側の立場に立って考える課題を与えます。「もし，急におなかが痛くなったとき，それに気づいた友達が「どうしたの？　大丈夫？　保健室に連れていってあげようか」と声をかけてくれた場面を設定し，どんな行動をとるかを選択肢から選ばせます。
①「ありがとう」と言って連れていってもらう。
②「大丈夫だから」と言って我慢する。
③「行きたくない」と言って断る。
④「余計なことしないで」と怒る。
　友達の言葉かけを「親切」と素直に受け取ること，自分のした親切に友達にはどう応じてほしいかということとは裏腹の関係になります。自分の思いと，他人の思いが一致するときとしないときがあることに気づけるようになってくれれば，道徳の授業として成功です。

　最後は，親切にしてほしいときの頼み方が絡む課題です。こんな場面を用意します。それは，体育のあとで重いマットを1人で片付けているというシ

ーンです。「そんなときにあなたはどうしますか」と問いかけ，また次のような選択肢から選ばせます。

①最後まで1人で頑張る。

②仲良しの友達を連れてきて，一緒に運んでもらう。

③「誰か，手伝ってよ！」と大声で言う。

④誰も見ていないので，途中でやめて教室に帰る。

　このように，知的障害の児童生徒の場合は，「こんなときはどうしますか」とオープンクエスチョンで問いかけるより，選択肢をあらかじめ用意して「こんなときにあなたがとる行動を次の中から選んでください」とクローズドクエスチョンで問いかけるほうが，話が脱線せずに，道徳科の授業の目標に近づいていける展開ができます。道徳的な課題には，その場にふさわしい「解」はありますが，それがあらゆる場面で通用する正解ではないのが一般的です。ここがソーシャルスキル・トレーニング（以下，SST）などで，一対一の対応の仕方ばかり学んでいく学習方法の問題性が浮き彫りになります。

　また，よく「親切（恩）を仇で返す」といわれるように，親切にしてあげたからといって，必ずしも報われることばかりではありませんし，見返りを期待した親切というのは，道徳教育からすれば問題です。親切にされたら「ありがとう」と感謝の気持ちを表現することは教えなくてはなりませんが，言われなかったからといって，怒ったり，仕返しをしたりするようなことがないように指導することも大切です。

　最後に，よくあることですが，こうしたタイプの児童生徒は，他児の一挙手一投足が始終気になり，自分がやるべきことがおろそかになっているケースが往々にあります。まず，自分のことをしっかりやってからということで，パーテーション（衝立）などを置くなどして，入ってくる情報（刺激）を整理する工夫も必要です。

第3章　人との関わりに関する道徳教育　59

2 礼儀と言葉遣い
>> 挨拶と TPPO をわきまえる力をつける

B　主として人との関わりに関すること

［礼儀］

〔第1学年及び第2学年〕

　気持ちのよい挨拶，言葉遣い，動作などに心掛けて，明るく接すること。

〔第3学年及び第4学年〕

　礼儀の大切さを知り，誰に対しても真心をもって接すること。

〔第5学年及び第6学年〕

　時と場をわきまえて，礼儀正しく真心をもって接すること。

　挨拶は人間関係を築いたり維持したりしていくのに欠かせないものです。もちろん敬語が使えたり，TPPO にふさわしい挨拶ができたりするに越したことはありませんが，会釈だけでも，頭を下げるだけでも立派な挨拶です。次の「日常の五心」は出典不詳ですが，額などに入れて飾られているのをよく見かけます。日常生活を支えとして，幸せな人生の指針として，日本人に好まれる挨拶と道徳的価値が並んでいます。企業で働ける知的障害者でこれを知っていて実践できれば一目置いてもらえると思います。

> ### 日常の五心
> 一，「はい」という素直な心
> 一，「すみません」という反省の心
> 一，「おかげさま」という謙虚な心
> 一，「私がします」という奉仕の心
> 一，「ありがとう」という感謝の心

挨拶は，身近な人，顔見知りの人だけにしていればいいわけではありません。いつでも，誰とでも，どこででも同じようにできるようになることが大切です。

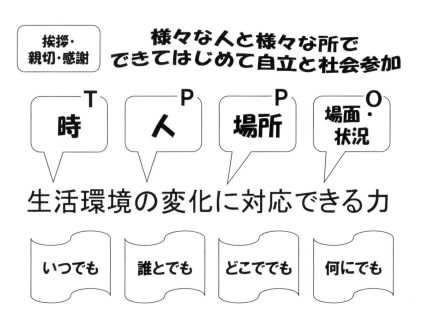

　また，「おはようございます」「いってまいります」「お先に失礼します」「さようなら」「ただいま帰りました」「いただきます」「ごちそうさまでした」「ありがとうございました」「どういたしまして」「ごめんなさい」「すみませんでした」「申し訳ありません」などの挨拶言葉や使い方を知識として，いくつ知っているというようなSSTでは意味がなく，実践して人間関係を良好にするという目的が果たせてはじめて意味あるものになります。つまり，いわゆる「空気が読めない（KY）」使い方をすると，道徳的知識があり，かつ道徳的実践ができたとしても，円滑な人間関係を築くという目的を果たすどころか，むしろ，相手の気分を害したり反感を買ったりといった逆効果になることさえあります。

特に発達障害の人の場合，「おはようございます。今日はいい天気ですね」といったような，何気ない，つまり，あまり深い内容や意味のない挨拶のやりとりが大変苦手です。通りすがりの相手からそう挨拶されても適当にやり過ごせずに，「でも昨日のほうがいい天気でした」「でも夜遅くに雨が降るって天気予報で言っていました」というように，たとえそれが事実だとしても，まともに答えてしまうため，ぎくしゃくとした挨拶になってしまいます。

　謝罪や感謝の場合は，事実をしっかりと言葉にして伝えないとなりませんが，世間話，社交辞令（つきあいをうまく進めるためにする気持ちの込もらないほめ言葉），仲人口（仲人が縁談をまとめたり，うまくとりなしたりするために言うあてにならない言葉）といった類のものは，事実を正確に伝えることが目的ではなく，人間関係を築いたり維持することが目的なので，話の内容については多少事実でなくても許され，相手も何となくそのことを承知していて，話半分に聞いています。

　つまり，「嘘も方便」ということわざどおり，多少の「嘘」をつくほうが，場合によっては真の目的を果たせてしまうことが世の中にはあるわけです。このあたりが，「嘘をつかない」という道徳的価値と，良好かつ円滑な人間関係を築いていくという道徳教育が真にめざすものとが矛盾する，最も典型的な例として挙げられます。

Ａ　主として自分自身に関すること
〔正直，誠実〕
　〔第1学年及び第2学年〕
　　うそをついたりごまかしをしたりしないで，素直に伸び伸びと生活すること。

ところが，ここでも発達障害の人々は，そうしたどうでもいいことを受け流せず，真に受け止めてしまったり，適当に答えておけば済むのに，真剣に答えようとして躍起になってしまったりするため，結果的に「空気が読めない」状態を自らつくり出してしまうことになります。そして，決して「礼儀知らず」ではないのに，「無礼な」といった思いを相手に生じさせてしまいます。〔第5学年及び第6学年〕の内容である「時と場をわきまえて」というのは，まさにこのことをさしているわけです。しかし発達障害の児童生徒に対して，これを道徳教育として指導していくのはかなり困難なことです。コミュニケーション障害からくるこうした課題は，それこそ自立活動のコミュニケーションの区分で個別に丁寧に取り扱っていくべきものだと思います。

第3章　人との関わりに関する道徳教育

この図は，教室の中でいくらSSTとして，場面ごとの挨拶の仕方を繰り返し教えて練習させたとしても，実際には使えないということを示したものです。つまり「知識・理解」「技能」「表現」の観点だけで四則計算を学んでも，やり方はマスターできますが，実生活の場で活用や応用ができないのと同じです。

　「思考・判断」という観点は，「挨拶はなぜしなくてはならないのか」「挨拶をしないとどういうことになってしまうのか」という理由づけや将来予測の力です。これがないと，挨拶の形はできても，上滑りで心が伴わないものになってしまいます。「ありがとうございました」「申し訳ございませんでした」といった言葉が饒舌に使えることより，タイミングを逸しないでされた感謝や謝罪の気持ちを込めた一礼や表情のほうが，よほど相手にその心が伝わるかしれません。葬儀の席の挨拶などはまさにその典型で，立て板に水のような滑舌口調の場慣れした弔問の挨拶よりも，朴訥で多くを語らぬほうがむしろ好感をもたれることが少なくありません。

　「関心・意欲・態度」の観点は，「先生や親に言われたから挨拶をする」「誰も見ていないから挨拶を省略する」といったことではなく，自主的に挨拶したり，主体的に行動したりするという意思決定の力です。つまり技巧的にいくら上手な挨拶ができるようになっても，実際に使用する場面に遭遇したときに，いちいち考えないと行動できないのでは，道徳教育をした意味がありません。習慣化，定着化とともに，頭で考えるより先に体が動くといったところまでにしておくことが大切だと思います。挨拶というのは，自然にできるようになってはじめて，道徳的価値を獲得したといえます。特に特別支援教育を受けている児童生徒にとっては，「にこっ」でも「オー」でもハイタッチでも，自ら進んで挨拶できるようになることは「自立」への一歩ですし，少しでも多くの人に挨拶ができるようになれれば「社会参加」への一歩になると思います。

> **質問6**
>
> 知的障害児のクラスです。２人ずつ順番に前に出させて，実際にプレゼントを渡しながら「どうぞ」「ありがとう」と言う練習をさせました。こんなことでも道徳科の授業になるのでしょうか。

　新学習指導要領の「生活」１段階にも，「簡単な挨拶などをしようとすること」という内容がありますが，大事なことはこの内容が「人との関わり」という項目の中にあることと，「教師や身の回りの人に気付き」という前段があることです。この段階では「おはようございます」「さようなら」といった挨拶が想定されていますが，挨拶というものは形式ではなく，人との関わり（心のふれあい）を円滑にする潤滑油のようなものです。つまり「正しい言葉遣い」そのものよりも挨拶してよかったといった満足感や，したことによる効力感のほうが大切になります。また事態や状況の変化に気づいて，それにふさわしい行動を起こすというのはまさに課題対応能力そのものです。

　という意味合いからすると，子どもたちの現実生活で「ありがとう」という挨拶が求められるのは，品物を贈呈・譲渡される場面よりも，親切にされたり，貸してもらったりというシチュエーションのほうがはるかに多いわけです。だとすれば，「消しゴムを貸してください」「はい，どうぞ」「ありがとう」「どういたしまして」といったダイアログ（対話）でロールプレイするほうが自然です。「コップを取ってくれますか」なども自然ですね。また言葉が不明瞭でも，気持ちが込もった笑顔，表情，身振り手振りであれば，上滑りした敬語よりずっと，道徳的にめざす「感謝の心」は伝わります。

　つまり道徳科の目的は「心」を育てることなので，形式的に「言葉」や「スキル」を知識・技能として繰り返し練習して習得させるSSTとは違います。そこに「なぜしたの」「してどんな気持ちだった？」「されてどうだった？」と踏み込めたら道徳教育になります。

第３章　人との関わりに関する道徳教育　65

3 信頼と相互理解
≫≫ はっきり言う力とやりとりする力をつける

B　主として人との関わりに関すること

[友情，信頼]

　〔第1学年及び第2学年〕

　　友達と仲よくし，助け合うこと。

　〔第3学年及び第4学年〕

　　友達と互いに理解し，信頼し，助け合うこと。

　〔第5学年及び第6学年〕

　　友達と互いに信頼し，学び合って友情を深め，異性についても理解しながら，人間関係を築いていくこと。

[相互理解，寛容]

　〔第3学年及び第4学年〕

　　自分の考えや意見を相手に伝えるとともに，相手のことを理解し，自分と異なる意見も大切にすること。

　〔第5学年及び第6学年〕

　　自分の考えや意見を相手に伝えるとともに，謙虚な心をもち，広い心で自分と異なる意見や立場を尊重すること。

　知的障害者はだまされやすいといわれます。他人の言うことを信じ疑わず，言われたとおりにしてしまったり，暗証番号等を正直に答えてしまったりする傾向にあるからです。そういう意味では，幼子がもっている「信頼」という道徳的価値を，ずっともち続けて生きていることになります。この道徳項目では，「友達」と仲よくする延長上に信頼や友情，さらには恋愛感情があるロジックですが，「友達」といえども，仲間外しや裏切り，DVなどという行為をしないとは限りません。また最初から悪意や下心をもって友達になろうとしてくる人も全くいないわけではありません。

つまり，「信頼」という道徳的価値とともに「疑う」という生きる力も教えないとなりません。ここに道徳にライフキャリア教育の観点を入れて指導する重要性があります。

　また，「友達」というのは広辞苑を引くまでもなく，そもそもクラスの人全員を指すといった言葉ではなく，最初から好き嫌いといった感情や合う合わないといった相性を前提にして組み合わされた，任意の親しい人間関係のことであるので，ここでわざわざ「友達と仲よくする」などと掲げること自体どうかと思います。むしろ大切なのは，次の相互理解や寛容との絡みで，「友達」とは呼べない間柄であっても，メンバー同士「仲よくし，助け合う」「互いに理解し，信頼」することができるようになることであって，それが道徳的価値であり道徳的実践ではないでしょうか。

　そうであるならば，ここは「友達と仲よくし，助け合う」ではなく，「クラスの人全員（みんな）と仲よくし，助け合う」と表記されねば，意味がないわけです。何かここにも，障害のある児童生徒の存在が，最初から抜け落ちているような気がしてなりません。それは［公正，公平，社会正義］のところで触れる内容だというのなら，「友達」という関係になかなかなれないとか，「友達」をうまくつくれないという児童生徒にとって，この項目は何のためにあるのでしょうか。「友達」と仲よくの前に，みんなと一緒に行動する中で「仲良し」を見つけたり「助け合う」関係ができたりすれば，それを「友達」と呼ぶのではないでしょうか。

　さらに，「異性」についても理解するということだけが特記されるのではなく，「障害」「疾病」「多文化」さらには「貧富」「生活環境」といったことも，理解の対象にして人間関係を築いていくということでないとならないと思います。なぜならそれらは「いじめ」という「排除」「迫害」の発端になりやすいものばかりだからです。

第3章　人との関わりに関する道徳教育　67

この道徳項目で，特別支援学校の児童生徒が身に付けなくてはいけないのが「はっきり言う力」と「やりとりする力」です。いずれも相手や集団とコミュニケーションをとるのに最低限必要なものですが，言いなりに動くことや，指示を待って動くことに慣れてしまっている児童生徒にとってはかなり難題になります。

指示待ち人間

指示を待って行動する

先回りして困らせない。
管理しやすい。

← **制限していく**

言われたようにするだけ。
決められた順番どおりにする。
勝手に始めてはいけない。
選んだり悩む場面がない。

**悩み考えることが
生じないので
主体性は育たない**

**ルール
決まりごと
やり方
選択**

**自由度
（裁量）**

思考

判断

自分らしく生きる

自ら考えて行動する

本人が決めるまで待つ。
行動を見守る。

増やしていく →

自由にやっていい。
順番を入れ替えてもいい。
自分なりに工夫していい。
意見や提案を出していい。

**任されると
悩み考えるので
主体性が育つ**

20世紀までは，素直で従順に働く知的障害者が企業から求められ，「養護学校」もそれに応えようと作業学習などを通じて，指示どおりに指示した範囲で動く生徒にして社会に送り出しました。生徒は教師の敷いたレールの上をただひたすら走ればよかったのです。しかし21世紀になり世の中は変わりました。言われたとおりではなく自分で考えて動ける人が企業から求められるようになりました。しかし「特別支援学校」と名称が変わっても旧態依然とした作業学習をしているところは少なくありません。

「意見をはっきり言う」という以前に，知的障害者は自分の「意見」というものをもてない，もってはいても言ってはいけないと思っている本人や教師が少なからずいることは確かです。これは「選択する」と同様，授業でこれらを否定や軽視していたら，それこそ人権に関わる問題です。これらは何も「道徳科」の中だけで取り上げるものではなく，あらゆる授業や日常生活に，意見を表明したり，自分なりに工夫をしたりすることができる場面を設定しておく必要があります。それでこそ学校教育全体で取り組む「道徳教育」となります。

　そのためにはまず教師や支援者が，本人のどのような意見，主張，要求などに対しても傾聴する態度と，言い出しやすい雰囲気づくりに努めなくてはなりません。例えば，立ち作業の作業学習をしているときに，「疲れた，座りたい」と生徒が言ってきたときにどうしますか。「何言ってるんだ。今は立って仕事をするんだ。みんなそうしてるだろ」と一喝しますか。それでは教師自身が，「相手のことを理解し，自分と異なる意見も大切にすること。」という〔小学校第3学年及び第4学年〕の道徳的価値を備えていないことになります。では，「そう大変ね，さあ座りなさい」と一方的に要求を受け入れるのがよい教師なのでしょうか。それも教師としての「自分の考えや意見を相手に伝えるとともに」という道徳的実践をしていないことになります。

　では，どのようにしたらいいのでしょう。ここで求められているのは「やりとりする力」です。「謙虚な心をもち，広い心で自分と異なる意見や立場を尊重すること。」という箇所がまさにそれをさしています。意見というものは一方的に言えばそれが通るものではなく，お互いに意見を出し合って，話し合いややりとりを通じて，合意形成されていくものです。互いの意見は尊重しても，そこに隔たりがあるならば，お互い納得できるまで話し合うか，それでも難しければ多数決で決めるのが，「道徳科」の上位にある日本国憲法で示されている民主主義の根本原理です。

第3章　人との関わりに関する道徳教育　69

教師　どこか具合悪いの？
生徒　ううん。
教師　この作業は立ってするほうが楽なのよ。
生徒　でも，疲れたよ。
教師　あと20分で休憩だから，それまで頑張りましょう。
生徒　疲れた，無理。
教師　それじゃ，あと10分なら頑張れる？
生徒　それならできそう。
教師　10分立って頑張れたら，あとは座って作業していいわよ。
生徒　わかった，約束だよ。
教師　いいわよ。

といった交渉こそが，道徳科だけでなくすべての授業において大切で，生徒もまた，交渉される教師の言い分が次第にわかってきます。

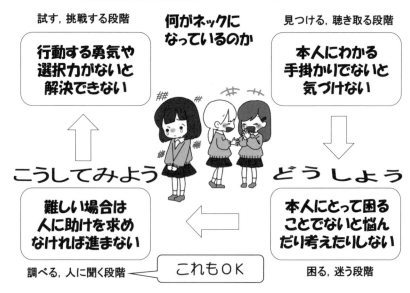

「一緒に遊びたいけれど、どのように入っていけばいいのかわからない」とか、「仲間外れにされているみたいだけれど、どうしたらいいかわからない」とか、「外食に誘われたけれど、どう断っていいのかわからない」といった問題解決の場面は交友関係の中ではいくらでも生じます。その際まず、解決しなければならない問題は何かという課題意識が生じなくては始まりません。周りがいくらそれが課題だとわかっていても、当事者本人がそれについて解決しなければならないものと自覚できなければ先に進みません。それこそ言いなりやされるがままになってしまいます。自覚できない、つまり「気づけない」というのは、認知できない、理解できない、注意力が足りないといった、障害特性が大いに左右します。そこで課題に気づけるようにヒントを出したり、手掛かりを見つけやすくするのです。でも課題をズバリ教えてはいけません。明示することは「指示」することになってしまいます。本人なりに自覚することが大切なことです。

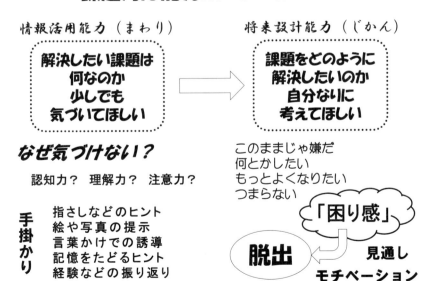

第3章　人との関わりに関する道徳教育

次はその課題に「困り感」があって，このままでは嫌だ，将来的に何とかしたいというモチベーションが起きることです。これにも「このままでいいの？」「何とかしたいと思わない？」という問いかけがあると，本人が悩み始めます。この段階ではまだ「どうしたらいい？」とは言わないことが大切です。解決策を考えたり思いつく前に，十分，悩ませたり困らせたりする時間を取ることです。これが「主体性」を育む大事な一手です。

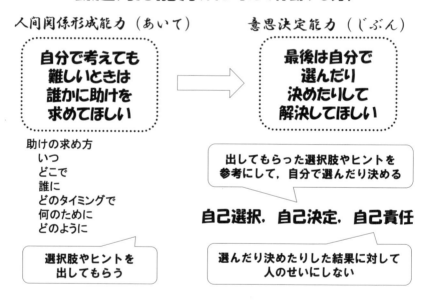

　その次は解決策を考える段階ですが，自分で思いついても1人で判断せず信頼できる人にそれを相談して，アドバイスを受ける習慣をつけておくことが，社会を生きていくうえで大切なことになります。そして最後はいくつかの解決策の中から自分なりに選んで決めます。大事なのはその結果生じた新たな問題について，少なくとも人のせいにしないようにすることです。あきらめたり折り合いをつけたり我慢したりする心が育めます。

質問7

道徳科の授業は，教師が主導して道徳的価値を一方的に教え込んではならないとされていますが，特に知的障害教育の小・中学部の場合，児童生徒が主体的に話し合ったりすることは難しいと思うのですが。

　小学校の新学習指導要領の道徳のところに，「児童の発達の段階や特性等を考慮し，指導のねらいに即して，問題解決的な学習，道徳的行為に関する体験的な学習等を適切に取り入れるなど，指導方法を工夫すること。」と書かれています。これを，低学年段階ではまだ難しいけれど，指導方法を工夫さえすれば低学年なりにも主体的に考えられると捉えれば，決して知的障害の児童生徒であっても絶対にできないと決めつけないほうがいいと思います。

　主体性とは，最初から児童生徒にすべてを丸投げすることではありません。ある程度のレールを敷いて，ここから先は自分たちで考えて決めようというのも主体性には違いないのです。その最後の主体的な部分がほんのわずかでもあればいいわけです。よく平均台を渡るとき，ずっと手をつないだまま歩き，最後の瞬間だけ手を放して1秒でも平均台の上にいられたら，それは「1人でできた」うちに入るのです。ずっと教師が主導してきた授業でも，最後の最後に児童生徒たちの意思決定の場面，具体的には「選んだり」「手を挙げたり」「近づけたり」などが用意されていれば，「児童の発達の段階や特性等を考慮し，指導のねらいに即し」た道徳科の授業になると思います。

質問8

知的障害の児童生徒に対する道徳科の授業をするにあたって指導案を作成するとなると，具体的にはどのようなものになるのでしょうか。略案でもいいので参考になるものがあれば紹介してください。

第3章　人との関わりに関する道徳教育　73

次に紹介する事例は，千葉県立香取特別支援学校の浅沼由加里先生が知的障害中学部で実践した道徳科の授業略案です。一部修正をしています。

〈題材名〉
　係活動に最後まで気持ちよく取り組もう〜こんな時どうする？〜
〈題材設定の理由〉
　……今回の授業では10月の道徳目標である「自分の係活動に最後まで取り組もう」をめざして，係活動を行うことの重要性について再認識できるようにしたい。しかし7名の生徒の多くには，自分の役割を行う意識は高くても，途中で友達に声をかけられたりすると活動が中断しがちという課題が見られる。そこで係活動をするうえで起こりそうな場面をあえて設定し，そうした場面での友達との関わり方についても考えていけるようにしたい。教師が生徒の目の前でロールプレイを演じたり，実物を用いて体験活動をしたりすることで，よりイメージをもちやすくわかりやすい授業展開ができるようにしていきたい。本授業を通して，最後まで係活動に取り組む大切さを感じるとともに，友達に対しての関わり方を学びながら，学校生活の中で取り組む毎日の係活動に気持ちよく取り組めるようになってほしいと考える。
〈本時のねらい〉
　①自分の行う係活動の大切さを知ることができる。
　②丁寧な断り方を知り，係活動を責任をもって果たそうという意識を高めることができる。
〈展開〉
　①給食の係活動をしている映像をテレビで見る。それぞれ自分の果たしている役割を再認識する。
　②教師Aが牛乳パックを人数分取ってくる係の生徒役，教師Bが係活動中のAに話しかけてくる生徒役になり，AがBの話に乗ってしまうというロールプレイを生徒たちの前で演じる。
　③「Aさんはちゃんと係活動ができていましたか」と問いかける。

※係活動が中断していることに気づかせる。

④「ちゃんとできないと誰が困りますか」と問いかける。

　※「クラスのみんな」だけでなく「自分」も困ることがわかる。

⑤「このようなときどうしたらいいと思いますか」と尋ねる。

　※「無視する」などの意見が出てきたときは，Ｂさんはどんな気持ちに
　　なるだろうと聞き返す。

⑥「断り方ボード」３枚を用いながら，教師Ａと教師Ｂが同じ場面のロー
　ルプレイを３パターンに変えながら３回演じる。

　Ｂ「ねえねえ，○○○って知ってる？」

　Ａ１「今，係の仕事をしているから，またあとでね」

　Ａ２「係の仕事中なので，ごめんね」

　Ａ３「係の仕事が終わったら話そうね」

⑦「今度はしっかり最後まで係活動ができていたね」と強調する。

⑧生徒たち一人ひとりに，自分がしてみたい「断り方ボード」を選ばせて，
　Ａの役を交替で演じてもらう。友達役は教師Ｂが行う。

⑨自分なりの別の断り方を考えた生徒に，発表演技をしてもらう。

⑩断られた友達役の教師Ｂに，丁寧な断り方で断られたときの気持ちを発
　表してもらうことでまとめる。

〈**本時のねらいに対する全体評価以外の個別評価**〉

　Ａ児　相手の顔を見て，はっきりと伝えられたか。

　Ｂ児　自分の言葉で丁寧に伝えられたか。

　Ｃ児　自分が断りやすい言葉を選択できたか。

　Ｄ児　優しい言い方で伝えることができたか。

　Ｅ児　係活動に取り組みたいという気持ちを伝えることができたか。

　Ｆ児　相手のほうをしっかり向いて伝えることができたか。

　Ｇ児　はっきりとした言葉で相手に伝えることができたか。

第３章　人との関わりに関する道徳教育　75

第4章

集団や社会との関わりに関する道徳教育

● 人間関係形成・社会形成能力を活用して ●

1 ルールとマナー，エチケット
>> 応じる力と折り合う力をつける

C　主として集団や社会との関わりに関すること

［規則の尊重］

　〔第1学年及び第2学年〕

　　約束やきまりを守り，みんなが使う物を大切にすること。

　〔第3学年及び第4学年〕

　　約束や社会のきまりの意義を理解し，それらを守ること。

　〔第5学年及び第6学年〕

　　法やきまりの意義を理解した上で進んでそれらを守り，自他の権利を大切にし，義務を果たすこと。

　生活したり属したりする集団や社会におけるルールやきまりごとを守ることは，認知や理解力に障害があるとしても，最低限必要な生きる力です。人は社会的動物であり集団で生活を営みます。それによって苦手な部分を互いに補い，できる部分を自分の役割として担って，集団や社会に貢献していきます。ルールやきまりごとは他から押し付けられるものではなく，自分たちでつくり上げていくものですし，不要になったり状況に合わなくなったりしたら改廃していくものです。しかしルールやきまりごとは「～してはならない」「～しなければならない」という書き方で紙に書いて示すことができますが，「～しないほうがいい」「～したほうがいい」というのは，明文化されずに伝承や習慣の中で培われていくものです。これがマナーやエチケットと呼ばれるもので，従わなくても罰せられることはありませんが，ひんしゅくを買ったり，疎外感を味わうことになります。

76

特に発達障害の児童生徒たちは、律儀なくらいに決められたルールを守ることはできますが、マナー、エチケットの類は、TPPO（時、場所、相手、場面など）による曖昧さや微妙さを伴い、一対一対応になっていないため、障害特性ゆえの習得や実践の難しさがあります。

　昨今、SSTというのが流行っています。これはルールやきまりごとのように一義的にやり方が決まっているものについては効果を発揮しますが、マナーやエチケットに関しては、まず状況判断が正しくできないため、いくら頭で対応スキルを覚えたとしても、実際場面では使いものにならないことが少なくありません。事後に、「教えたのになぜできなかったの」と問いただしても、「教えられたのと少し違ってた」「似てたけど、まだ教わってなかった」という答えが返ってくるだけです。つまり、こういう場合もあり得る、例外もある、特に定められていないといった内容のものは、SSTのようにスキルだけを固定的に教え込まないほうがむしろいいと思います。修正がききにくくなりがちです。

　例えばお辞儀のスキル1つとっても、15度、30度、45度ぐらいと教わったところで、スキルだけ上達しても、肝心の感謝や謝罪といった心や言葉が伴わなければ、かえってわざとらしいとさえ思われてしまいます。

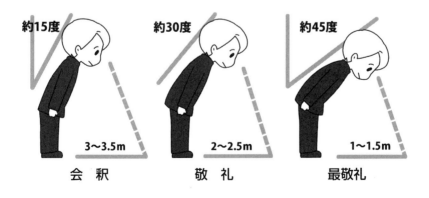

集団や社会との関わりに関する道徳項目を学習していくには，人間関係形成・社会形成能力とともに育てていくことが一番です。前出「今後の学校におけるキャリア教育・職業教育の在り方について（第二次審議経過報告）」における「基礎的・汎用的能力」の解説によれば，

　「人間関係形成・社会形成能力」は，多様な他者の考えや立場を理解し，相手の意見を聴いて自分の考えを正確に伝えることができるとともに，自分の置かれている状況を受け止め，役割を果たしつつ他者と協力・協働して社会に参画し，今後の社会を積極的に形成することができる力である。
　この能力は，社会とのかかわりの中で生活し仕事をしていく上で，基礎となる能力である。特に，価値の多様化が進む現代社会においては，性別，年齢，個性，価値観等の多様な人材が活躍しており，様々な他者を認めつつ，それらと協働していく力が必要である。また，変化の激しい今日においては，既存の社会に参画し，適応しつつ，必要であれば自ら新たな社会を創造・構築していくことが必要である。さらに，人や社会とのかかわりは，自分に必要な知識や技能，能力，態度を気付かせてくれるものでもあり，自らを育成する上でも影響を与えるものである。具体的な要素としては，例えば，他者の個性を理解する力，他者に働きかける力，コミュニケーション・スキル，チームワーク，リーダーシップ等が挙げられる。

　約束，ルール，きまりごと，法令というものは，それによって束縛されたり，義務を果たさねばならなくなったりする窮屈な点もありますが，同時にそれを果たすことで自分の権利が守られています。また取り合いや言い合いになったときの仲裁の根拠にもなります。ですからそれを守らなかったり反することをしたりすると社会的制裁が科せられます。それが抑止力になって，社会，集団，組織の秩序が保たれることになります。特に知的障害者は，詐欺や恐喝や性犯罪などの被害に遭いやすく，自分の身を守るためにも，不利益を理解できるように支援することが必要です。

例えば，信号機や横断歩道や右側歩行といった交通ルールが，必要になった理由や守らないリスクというものをしっかり理解できていないと，守るのが面倒くさくなったり守ったふりをしたりする人になってしまいます。このように，きまりごとの成立理由や，違反した場合のリスクというものをしっかりわからせたり，下の図のように苦手な部分を自立活動で改善・克服するほうが，単に，こういうときはこうするといったスキルのパターンをいくつも教え込むよりも，応用や機転が利く人になります。

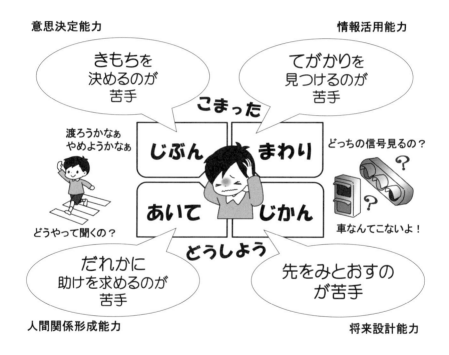

　「B　主として人との関わりに関すること」と「C　主として集団や社会との関わりに関すること」との大きな違いは，単に相手との良好な人間関係を形成していくのにとどまらず，相手も自分も，集団や社会や組織を構成したり形成したりする一員としての役割を担うことが求められる点です。

第4章　集団や社会との関わりに関する道徳教育　79

「社会形成能力」というのは，自分さえよければという独りよがりではなく，互いに助け合って切磋琢磨していくチームワークです。そこには，リーダーシップも大事ですが，リーダーを支えたり盛り立てたり牽制したりしていくフォロワーシップも大切な構成要素になってきます。

次に知的障害のある児童生徒にもわかりやすい具体例として，ゴミについてのルール，マナー，エチケットについて考えていきましょう。まずゴミを出す，捨てる側については，不法投棄をしてはならないという法律，ポイ捨てを禁止する条例という罰則のある「きまり」や，ゴミの分別のように罰則はなくても，分別しないまま出すと収集してもらえなかったり，近所の不評を買ったりする地域や集団生活を営むうえでの「ルール」があります。さらに唾や痰を路上に吐き捨てたり，犬の散歩で糞尿を始末しなかったり，びん缶専用のゴミ箱にほかのゴミを入れたりする「マナー，エチケット」の問題もあります。反対に，ゴミを捨てないでため込んでしまう，いわゆる「ゴミ屋敷」という不衛生な問題もあります。

拾ったり始末する側に立てば，何でも拾うことがよいわけではなく，例えば電車内の不審物，鳥の死骸，血液が付着したものなど素手で触ったり拾ったりしてはいけないとか，財布のように拾ったら交番に届けなくてはいけないと法律等で規制されているものがあります。また資源回収の集積場に捨てられたものを勝手に持ち去ってはいけないというリサイクル条例もあります。路上に落ちている菓子の空袋や空き缶などを拾って，近くのゴミ箱まで運んで捨てるというのは，誰でも絶対にしなくてはならないという縛りはないので「マナー，エチケット」の類です。お菓子を食べ終わったら空袋をゴミ箱に捨てる，飲み終わったら缶やペットボトルは所定の場所に捨てるというのは，家庭内でもできることです。分別の表示を各教室のゴミ箱に付けてある学校もあります。

この行為の習得について次の図を用いて説明しましょう。まず，表示をしっかり見て分別する（情報活用能力），分別の仕方を手本を見て覚えたり質問したりする（人間関係形成能力）ことで，ゴミ捨てのルールについての道徳的価値は頭ではわかってきます。しかし，実生活の中で道徳的実践力として機能させるためには，単にルールに関する知識やスキルだけでなく，なぜそういうルールが必要なのか，守らないとその先どうなるのか（将来設計能力），先生や周りに人がいないからズルをしようといった弱い心が起きないこと（意思決定能力）といった知識やスキル以上に大切な理由や意識づけという段階まで高める必要があります。

　人は，理屈なしにこうしなければならない，こうするものだと指示されるより，「そうなるといけないからちゃんとしておこう」と説明付きで指示されるほうがすんなり受け入れられます。さらに「嫌だろうけど」とか「サボ

りたいだろうけど」などと前置きされると，反対にやる気になってくるもの
です。ルール，マナー，エチケットというものの中には，なぜそうしないと
いけないのかよく知らないけど，何となくそうしてきたといった類のものも
かなりありますが，学習した道徳的価値が定着し実践化されるには，意味づ
け，価値づけをする努力が教える側に求められます。

　規則やルールの多くのものは，互いに思いどおりにことを進めると，取り
合いになったり，言い合いになったりすることが予想されるので，最初から
優先順位をつけたり，規制したりして，争いやいざこざを回避しておくとい
う理由によって成立しています。そういう意味からすれば，ルールの内容さ
え頭に入れば，学習するのはそう難しくはありませんが，必要性や存在意義
の理解が伴うと，より実践につながります。

　これに対してマナーやエチケットは，今流行りの「おもてなしの心」に通
じるものがあって，「相手に嫌な思いをさせない」「相手を喜ばせてあげた
い」など相手を思いやる気持ちによって成立しています。よって「自分が相
手の立場だったらどうしてほしいか」ということがその場でとっさに考えら
れないと，単なるスキル学習で終わってしまい，実際の場面での実践力には
結びついていかないのです。「気を配る」「気が利く」「気が回る」といった
ものが，マナーやエチケットの原点です。ですから，規則やルールは守って
当たり前なことですが，マナーやエチケットがしっかり守れたら評価に値す
ることになります。自分だけでなく周りのみんなも気持ちよくなるからです。
反対に相手から嫌な思いにさせられることもあり，知的障害者の場合は「セ
クハラ」や「パワハラ」の被害に遭ったときの「自分の気持ち」をはっきり
自覚できるように学習しておくことが特に重要です。

　「約束，きまり，法」といったものの順守を道徳的実践と唱えるより，「マ
ナー，エチケット，気配り」といったものの励行を道徳的実践として推奨す

るほうが，より高い人間性を追求する「道徳科」の授業になると思います。「みんなが使う物を大切にすること」だけにとどまらず，「次に使う人のことを考えて」公共物，共用物を片付けたり受け渡したりする行為が世の中にはいくつもあります。前に使った人からどんな状態で手渡されたり引き継げたら気持ちがいいかということがわかれば，自分が次の人に渡すときの心構えが違ってくるはずです。図書館の本を切り抜いたりする行為は，単に本を大切にしましょうということだけを教えても決してなくならないのです。

質問9

トイレのサンダルを揃えさせるような学習でも，知的障害の児童生徒にとっては道徳科の授業になり得ますか。

　機械的に，サンダル，スリッパ，靴を並べたり，向きを揃えたりするだけでは道徳科ではありませんが，脱いだサンダルをどの向きにしてトイレから出てくればいいか，それは何のためか，といったことを考えさせて意見を出させたりすれば，立派な道徳科の授業になります。その際，オープンクエスチョンでは話題がそれていくので，「なぜあなたはその向きにして出てきたのですか」①入ったときにその向きだったから，②上履きにはき替えるのが楽だから，③次に入る人がはきやすいから，といった3択で答えてもらいます。次に「サンダルの向きがバラバラになっているとき，あなたはどうしますか」①自分のだけ揃えて，あとはそのままにして出ていく，②掃除当番の子に「ちゃんと並べてよ」と言いにいく，③誰も見ていないけれどきれいに全部並べる。そして「なぜそうしようと思ったのですか」①きれいに並べても誰も見ていないのでほめてもらえないから，②掃除当番がやる仕事だから，③きれいに並んでいると気持ちいいからというように，深化させていくとよいと思います。

第4章　集団や社会との関わりに関する道徳教育　83

2 役割と協力，集団づくり
≫≫ 進んでやる力と助け合う力をつける

C　主として集団や社会との関わりに関すること

［勤労，公共の精神］

〔第1学年及び第2学年〕

　働くことのよさを知り，みんなのために働くこと。

〔第3学年及び第4学年〕

　働くことの大切さを知り，進んでみんなのために働くこと。

〔第5学年及び第6学年〕

　働くことや社会に奉仕することの充実感を味わうとともに，その意義を理解し，公共のために役に立つことをすること。

［家族愛，家庭生活の充実］

〔第1学年及び第2学年〕

　父母，祖父母を敬愛し，進んで家の手伝いなどをして，家族の役に立つこと。

〔第3学年及び第4学年〕

　父母，祖父母を敬愛し，家族みんなで協力し合って楽しい家庭をつくること。

〔第5学年及び第6学年〕

　父母，祖父母を敬愛し，家族の幸せを求めて，進んで役に立つことをすること。

　道徳科の項目ではこのように並んでいますが，「役に立つ」対象からすれば当然，家族のほうが社会より先です。しかしわざわざこの順序にしたのには何かわけがありそうです。つまり，みんなのためや，公共のために役に立つことを「働く」といい，家族のためにはその言葉を用いていないのです。これでは，家族のためにする家事・育児・介護という「労働」は働くに値し

ないといっているようなものです。

　家事・育児・介護に関する労働はきついにもかかわらず，「父母，祖父母を敬愛し」とか「家族みんなで協力し合って楽しい家庭をつくる」などという言葉で，家族に負担を押し付けて無償奉仕すべきこととするのは，戦前の「修身」の時代ならいざ知らず，労働人口減少で1億総活躍社会と発破をかけられる現代社会には到底通用しない論理です。事実，同じ家事・育児・介護を他人が家族に代わってすれば，代行サービス業として「働く」に値することになるほどの「重労働」なのです。

　そういう意味で，まず低学年の児童にとって身近な「働く」こととして「家庭でのお手伝い」を，次に小学校において「働く」こととして「学級での係活動」を，さらに地域における「働く」こととして「空き缶拾いや落ち葉掃きなどのボランティア活動」を同列に考えたほうが児童たちにとっても納得がいくはずです。お金をもらうことだけが「働く」ではなく，みんなのため，公共のために役立つこと，頑張ることが「働く」ということだと理解させないと，高校生になるとお金を稼ぐアルバイトばかりで，社会に奉仕するボランティアのなり手など誰もいなくなります。

　ここが「勤労観・職業観を育む＝キャリア教育」として推進された大きな問題点です。将来の夢や希望を「職業」に限定して教育する，つまり，それ以外の「しごと」はキャリア教育の対象外だとしてきました。例えば，給料を度外視したボランティア活動，芸術活動，冒険，専業主婦のような「しごと」を夢見てはいけないとされました。そうした大人では納税者になれない，つまり国家に貢献できないというわけです。そういう意味で「働けない」重度障害者もまた，最初からキャリア教育の枠外に置かれてしまいました。でもよく考えてみてください。この論理では，お金を稼ぎ出せない人を「市民」と見ていないことになります。「社会のお荷物」「税金泥棒」と揶揄して

第4章　集団や社会との関わりに関する道徳教育　85

いた人が，明日リストラされたり事故に遭ったり大病を患ったりして稼げなくなることだって十分あり得るのです。

学校では長い間，忘れ物などに対する「罰」の1つとして清掃などを課してきました。清掃は立派な「しごと」の1つであって，こうした手段に用いられることによって，嫌なこと，避けたいことといった職業に対する貴賤という偏見をもたせかねません。バブル時代，3K（きつい，危険，汚い）業種として敬遠されたのも，こうしたことが背景にあるかもしれません。そこで，多くの人ができたらやりたくないと思う「しごと」に対して「進んでみんなのために働く」「進んで役に立つことをする」という気持ちにさせることが，道徳教育の根本精神だと思います。

こんな話があります。ある会社の社員トイレには落書きが絶えないのですが，ワンマン社長がいくら訓示をしても一向に改善されません。ところがある日トイレ清掃を担当している高齢女性が「ここは私の仕事場です。毎日頑張ってここをきれいにするのが私の仕事です。協力してください」と，つたない字で貼り紙をしたところ，ぴたりと落書きがなくなりました。社長はこの事実を知って，社員の心を動かせるのは，会社で一番偉い私ではなく，自分に与えられた「しごと」に誇りややりがいをもって黙々と頑張っている人なのだということに気づいたという話です。

知的障害者の中には，卒業後に清掃や廃棄物処理の仕事に就く人が大勢います。また中高年の再就職先としても，清掃，警備，倉庫，配送，介護は5大業種です。確かに適している面もあるかもしれませんが，それをもって「知的障害者や高齢者でもできる大したことない仕事」のような偏見をもたれることが一番怖いことです。事実，高等特別支援学校を嫌い，サポート校（通信制高校）に進学させた発達障害のある生徒の母親が，卒業を前に，担任から大手清掃会社の障害者枠での求人票を提示され，「清掃作業員にする

ために高い学費を出してサポート校に通わせたんじゃない」と校長に怒鳴り込んだという話もあります。同様に、祖父母や親戚から反対されたり、勤務先を隠して就職したりしているケースも少なくありません。

　清掃や廃棄物処理という「しごと」は、清掃会社に勤めなくても、コンビニであれ食品工場であれ、どのような仕事場でも必ずあるものです。清掃業とは全く関連のない大手企業でも、そこの特例子会社は清掃業務を請け負っているというところもあります。「清掃」の原点は、家庭における掃除でありゴミ出しです。これがお手伝いレベルから家事分担レベルに上がることで、格段にお金がもらえる「しごと」に近づきます。

　廊下に落ちている汚れたティッシュを道徳の題材にして、知的障害のある児童生徒同士でどう話し合いを進めていくか、その一例を挙げます。

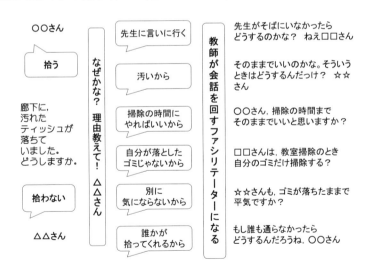

　このように、積極的には意見が言えない（うまく言えない、まとまらない、恥ずかしいといった理由だけではなく、言ってはいけないと思っている児童生徒もいます）場合でも、教師の投げかけ方次第で言い出せます。

さらに，話すことができない重度の児童生徒が交ざっている場合でも，「意見」を絵や写真カード，または具体物や教師の演技などの選択肢にすることで，意思表明してもらうことが可能になります。大事なのは，そのことを他の児童生徒に対し「Aさんの意見は○○だ」と伝えることです。このような感じで，それぞれの児童生徒の能力や障害特性に応じて教師が支援していけば，児童生徒同士の話し合いが進んでいきます。

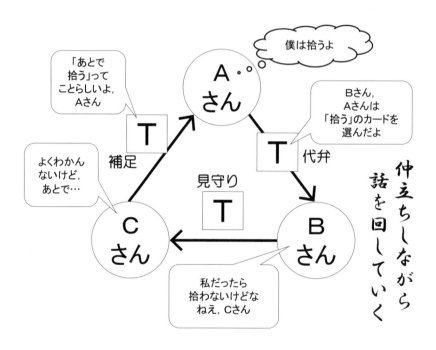

　「主体的で対話的で深い学び」いわゆるアクティブ・ラーニングで道徳科の授業を進めることが求められていて，知的障害の児童生徒にとってはかなり難度の高い授業になると思われがちですが，このように教師が仲立ちしながら話を回していけば，当事者集団でも決してできないわけではありません。そのためにも話題が「見える」ような具体物やロールプレイなどの教材の用意や支援の工夫が，教師側に求められます。

次の道徳項目は，所属・帰属する集団・組織の構成員として，チームとしての団結や発展に寄与するために，自分に与えられた役割を精一杯果たすという，人間関係形成・社会形成能力そのものを示しています。

C　主として集団や社会との関わりに関すること

［よりよい学校生活，集団生活の充実］

〔第1学年及び第2学年〕

　先生を敬愛し，学校の人々に親しんで，学級や学校の生活を楽しくすること。

〔第3学年及び第4学年〕

　先生や学校の人々を敬愛し，みんなで協力し合って楽しい学級や学校をつくること。

〔第5学年及び第6学年〕

　先生や学校の人々を敬愛し，みんなで協力し合ってよりよい学級や学校をつくるとともに，様々な集団の中での自分の役割を自覚して集団生活の充実に努めること。

発達障害のある児童生徒の場合は，集団の中へ入ることができなかったり，集団の中で浮いてしまうケースが少なくありません。これらの課題をなかなか改善できない理由の1つに，こうした状況に置かれても，疎外感，違和感，寂しさなどを感じない児童生徒が多いことが挙げられます。

健常者といわれる人の中でも孤独を好んだり，人との交わりを避けたがる人もいるので，強引に集団に誘い入れることが必ずしも「個人的」にいいわけではありません。しかし，人間は集団社会を構成してその1人として現に生きていますし，生きていけるのです。つまり「道徳的」には，集団で生きることに対して，好むと好まざるとにかかわらず，構成員の1人としての義務を果たさねばなりません。それは積極的に集団のために何か貢献をしなければならないということではなく，「そこに存在する」というだけでも果たせます。これが大事な視点です。

第4章　集団や社会との関わりに関する道徳教育　89

そうでないと,「何もできない奴」「役立たず」から始まって,「いないほうがまし」「邪魔だ,出ていけ」という排除の論理へとつながっていきます。それは「みんなで協力し合って楽しい○○をつくる」「みんなで協力し合ってよりよい○○をつくる」という道徳項目の中の「協力し合う」という部分を矮小化して捉えさせていることが原因です。重度障害の児童生徒が一員としていられるかは,「その場にいてくれる」「みんなのことを見つめてくれている」だけでも協力してくれていると,周りが捉えられるかどうかにかかっています。さらに「○○さんが少しでもできること,関われることを探してみよう,みんなで考えてみよう」というような流れに発展できたなら,それはまさしく道徳的実践ではないでしょうか。

　学級を飛び出していってしまい,集団になかなか入ってこられない△△さんのことを思って,「どんなことをしているときだったら教室に入ってきてくれるだろう」「誰なら△△さんを誘ってこられるだろう」「どんなタイミングで誘えばいいだろう」「教室に入ってきてくれたらどうやって迎えればいいだろう」など,学級で考えて,その結果誘いに応じてくれたら,その過程だけで,素晴らしい道徳科の授業になります。つまり,△△さん自身が素晴らしい道徳教材になって,みんなを成長させてくれるわけです。その結果,「この前より長い時間いられたね」「Aちゃんだけでなく B さんの隣でも大丈夫だったね」などと,児童生徒がしっかり自分たちの「作戦」に評価を下せて,新たな工夫を考えられるようになっていきます。

　障害のある児童生徒が分け隔てなく存在しているインクルーシブな学級では,こうした光景は日常茶飯に見られるはずです。時間・空間を共有することで,互いに慣れて,対応が自然になります。場合によっては無理に誘わないということも「差別」ではなく「配慮」として捉えられるようになってきます。これはお互いに背伸びせずに楽に生きていける大事な人間関係形成・社会形成能力の1つだと思います。

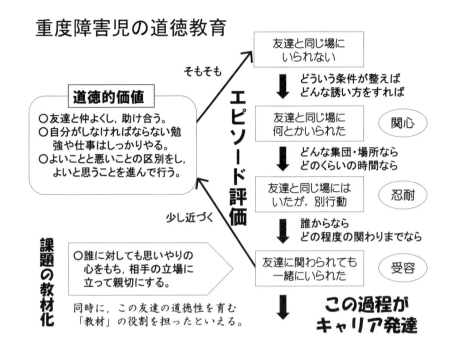

　この図のように，障害のある児童生徒にとっても道徳的価値は普遍的なものがあります。しかしその道徳的実践となるとかなり難しい児童生徒が少なくありません。そのときにこのような流れで道徳教育を考えていくと，これはまさしくその児童生徒のキャリア発達（心の成長・変容）の過程そのものとなります。そうした「心の成長・変容」を道徳的心情の変化と捉えてよいのではないかと思います。それと同時に，この児童生徒がとった行動や変容そのものが，他の児童生徒たちに与える影響を考えると，目の前で展開された一連のプロセスこそが「道徳的課題」であって，その解決に寄与したクラスメイトは道徳的実践をしたことになり，道徳的価値が頭の中だけのものでなくなっていきます。つまり，この過程において，当該児童生徒は自らを生の「道徳教材」として提供する役割を担って出たことになるのです。

第4章　集団や社会との関わりに関する道徳教育　91

いわゆる「問題行動」と呼ばれる事案を、このように「道徳教材」として活用して、クラスや学年全体のものとして考え、チーム力を高める課題とすることができます。「排除」することを考えるのではなく、どうしたら「共生」できるか、みなで知恵を出し合うのです。そしていわゆる「猫に鈴を付ければいい」という妙案を実践に移せるだけの、人物や場面やタイミングといった具体策をしっかり考えられることこそが、共生社会づくりにとって最も大切な行動力になると思います。

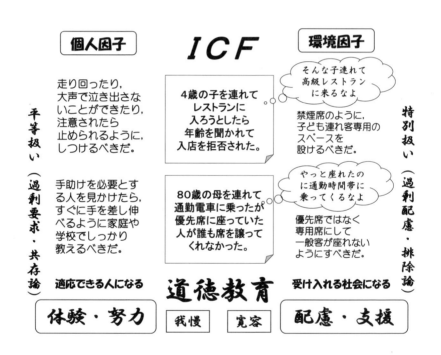

　この図は、真ん中の2事例を個人因子の立場と環境因子の立場で考えた対策です。一見、右側の論理のほうが優れた案と思われがちですが、実は「特別扱い＝排除の論理」という潜在意識がないとはいえません。左側は冷たいと思われがちですが、逆に「本当は一緒にいたいんだよ」という温かい気持ちもないわけではないのです。これこそが道徳の授業です。

質問10

知的障害の児童生徒が，グループ全体として他の児童生徒のことも考えられるような道徳科の授業にするには，どのようにしたらいいですか。

　次のようなシチュエーションで考えさせるとよいと思いますが，話だけでは場面が思い浮かびにくいので，先生方が寸劇をしたり，ペープサートなどで目に見える形にしたりして提示することが大切です。

❶紅白対抗で大玉転がしリレーをしました。接戦でしたが，紅組アンカーのＫさんがゆっくりだったため，白組が勝ちました。あなたが紅組の一員だったらどう言いますか。

　・Ｋさんが遅いから負けたんだ，Ｋさんのせいだ。

　・Ｋさんだって最後まで頑張ったんだからしょうがない。

　・アンカーをＭさんにすればよかったのに。

⇒　もし，あなたがＫさんだったら，どう言われたいですか。

　・ドンマイ，ドンマイ　　　・最後まで頑張れて，すごいね。

　・この前より速かったよ。

　・こうすればもっと早く転がせるよ。

❷クラスのみんなで，それぞれ場所を決めて中庭の草取りをしました。他のみんなは終わり，早く教室に戻りたがっていますが，あなたのお友達のＴさんの場所は草が多くてまだ終わりません。どうしますか。

　・「手伝ってあげようよ」とみんなに言う。

　・「Ｔさんが終わるまで待ってあげようよ」とみんなに言う。

　・「私が手伝うから，みんなは帰っていいよ」とみんなに言う。

⇒　もし，あなたがＴさんだったら，誰からどう言ってほしいですか。

　・友達から「手伝ってあげるよ」

　・みんなから「終わるまで待っててあげるよ」

　・先生から「途中だけど，終わりにしていいです」

第4章　集団や社会との関わりに関する道徳教育　93

3 愛着と多文化共生
≫≫ 受け入れる力となじむ力をつける

C　主として集団や社会との関わりに関すること

［伝統と文化の尊重，国や郷土を愛する態度］

〔第1学年及び第2学年〕

　我が国や郷土の文化と生活に親しみ，愛着をもつこと。

〔第3学年及び第4学年〕

　我が国や郷土の伝統と文化を大切にし，国や郷土を愛する心をもつこと。

〔第5学年及び第6学年〕

　我が国や郷土の伝統と文化を大切にし，先人の努力を知り，国や郷土を愛する心をもつこと。

［国際理解，国際親善］

〔第1学年及び第2学年〕

　他国の人々や文化に親しむこと。

〔第3学年及び第4学年〕

　他国の人々や文化に親しみ，関心をもつこと。

〔第5学年及び第6学年〕

　他国の人々や文化について理解し，日本人としての自覚をもって国際親善に努めること。

　道徳の教科化を推進してきた立場の人たちにとって「愛国心」「祖国愛」は道徳科の中心的価値で，父母，祖父母，先生，学校の人々など年長者を「敬う」気持ちを醸成し，その延長線上に郷土や国家を置くロジックです。「大切にし，愛する心をもつ」というのは，何も上下関係，師弟関係といった「権威」や「権限」を振りかざさないともてないものではなく，年長者が個人として尊敬されていれば，「家族愛」「師弟愛」は自然に出てくるものだと思います。郷土や国家も同じです。

そのことは，次の児童憲章にも書かれているように，子どもたちが一方的に保護者や教師を敬う関係でなく，お互いに尊び合う，双方向の「愛」があってこそ成り立つものだと思います。郷土や国家もまた，ここに書かれているように子どもたちを常に大切にしてこそ，愛着や愛する心をもたれる対象になるのであって，それを「道徳科」の中で，上から強制するものではないと思うのですが，いかがでしょうか。

児童憲章（抄）　昭和26年５月５日

　われらは，日本国憲法の精神にしたがい，児童に対する正しい観念を確立し，すべての児童の幸福をはかるために，この憲章を定める。

　・児童は，人として尊ばれる。
　・児童は，社会の一員として重んぜられる。
　・児童は，よい環境の中で育てられる。

1．すべての児童は，心身ともに健やかにうまれ，育てられ，その生活を保障される。

2．すべての児童は，家庭で，正しい愛情と知識と技術をもって育てられ，家庭に恵まれない児童には，これにかわる環境が与えられる。

3．すべての児童は，適当な栄養と住居と被服が与えられ，また，疾病と災害からまもられる。

4．すべての児童は，個性と能力に応じて教育され，社会の一員としての責任を自主的に果たすように，みちびかれる。

5．すべての児童は，自然を愛し，科学と芸術を尊ぶように，みちびかれ，また，道徳的心情がつちかわれる。

6．すべての児童は，就学のみちを確保され，また，十分に整った教育の施設を用意される。

7．すべての児童は，職業指導を受ける機会が与えられる。

8．すべての児童は，その労働において，心身の発育が阻害されず，教育を受ける機会が失われず，また，児童としての生活がさまたげられないよ

第４章　集団や社会との関わりに関する道徳教育　95

うに，十分に保護される。

9．すべての児童は，よい遊び場と文化財を用意され，悪い環境からまもられる。

10．すべての児童は，虐待・酷使・放任その他不当な取扱からまもられる。あやまちをおかした児童は，適切に保護指導される。

11．すべての児童は，身体が不自由な場合，または精神の機能が不充分な場合に，適切な治療と教育と保護が与えられる。

12．すべての児童は，愛とまことによって結ばれ，よい国民として人類の平和と文化に貢献するように，みちびかれる。

「郷土愛」「祖国愛」については，こんなことも考えられます。転勤先や転校先でわずか数年しか過ごさなかった地であっても，そこで歓迎されたり活躍の場があったりなどよい思い出があれば，自然とその地に「郷土愛」が芽生えます。反対に生まれ故郷や住み慣れた土地であっても，嫌な思い出があれば郷土愛どころか帰りたい気持ちもなくなります。ふるさと納税であれ，都道府県対抗のスポーツであれ，現在住んでいる地域と関係なく，どこの地に「郷土愛」を感じて応援したって，それは個人の自由です。

また，次の項目である国際親善のことと絡めれば，この地球規模のグローバルな現代社会において，生まれ育った日本国に対してだけに「愛国心」「祖国愛」をもつとは限りません。例えばワールドカップやパラリンピックだからといって，すべての国民が「愛国心」をもって，日本選手や日本チームを応援しなければならないとか，外国選手や外国チームを応援したら「非国民」などといわれる筋合いはありません。各個人が勝たせたいと思う人やチームを自由に堂々と応援すればいいだけのことだと思います。

しかし，大多数の国民や県民はこうした，都道府県対抗，国対抗のイベント開催を通じて「郷土愛」や「愛国心」という道徳的価値を植え付けられ，

煽られて知らず知らずのうちに道徳的実践をしてしまっている，つまり利用されていることにまず気がつかないのです。

　先人から引き継がれてきた伝統や文化を大切にしたり愛したりすることは道徳的価値や実践として重要です。省資源や環境保全の考え方からすれば，古いものでもできるだけリフォーム，リユース，リサイクルして使うことは大切です。そうすれば自然と「愛着」という気持ちが出てきます。しかしそれが「郷土」や「我が国」のものでなければならないものではありません。つまり「どの国の」「どの地方の」伝統と文化に親しみをもって，それらを大切にするかは，個人として自由に選択していいはずです。その結果として愛する土地に移住したりすれば一体化するだけのことです。

> ### 質問11
> 知的障害の児童生徒に道徳科の授業として「郷土愛」や「愛国心」をどう教えたらいいのでしょう。

　児童生徒の住所地と，学校の所在地でさえ，地域の文化や習慣などが異なる場合があります。児童生徒がお盆や正月に帰省する先となれば十人十色です。また外国にルーツをもつ児童生徒も増えています。何をもって「郷土」「国家」とするかは人権問題にも絡んできますし，それこそ道徳科の新学習指導要領にも「多様な見方や考え方のできる事柄について，特定の見方や考え方に偏った指導を行うことのないようにすること。」と文部科学省自身がはっきり書いています。今まで縁がなかった沖縄に修学旅行に行って，ここに住みたい，ここで働きたいなどと言った生徒がいました。本人の心をそこまで揺さぶったものは何だったのか，それこそが「愛着」であり，実現すれば本当の「郷土愛」になると思います。まずは選択肢となり得る各地の郷土芸能や地場産業に触れさせる授業から始めましょう。

第4章　集団や社会との関わりに関する道徳教育　97

第5章

生命や自然，崇高なものとの関わりに関する道徳教育

● キャリアプランニング能力を活用して ●

1 生存と人権
>> 大切にする力と全うする力をつける

D　主として生命や自然，崇高なものとの関わりに関すること

［生命の尊さ］

〔第1学年及び第2学年〕

　生きることのすばらしさを知り，生命を大切にすること。

〔第3学年及び第4学年〕

　生命の尊さを知り，生命あるものを大切にすること。

〔第5学年及び第6学年〕

　生命が多くの生命のつながりの中にあるかけがえのないものであること
を理解し，生命を尊重すること。

［よりよく生きる喜び］

〔第5学年及び第6学年〕

　よりよく生きようとする人間の強さや気高さを理解し，人間として生き
る喜びを感じること。

　この道徳的価値ほど普遍的なものはありません。「キャリア」とは，役割，立場以前に「存在」そのものです。つまり「生きている」こと自体がキャリアであり，「生きていく」こと「生き抜いていく」ことが，キャリア形成なのです。だからキャリア教育を単に「勤労観・職業観の育成＝働く力をつけて立派な労働者に仕立てる教育」と捉えるのは極めて近視眼的な考え方になります。人は「生きる」ことが目的であり，「働く」ことはその1つの手段に過ぎないということを，もう一度確認しておきましょう。

そしてそのための担保が「人権」です。「人権とは生命と幸せを守る権利である」といわれます。つまり自分や相手（人間とは限りません）の生命を大切にすることは，それぞれの「幸せ」を大切にすることに通じます。

　「生きていても仕方がない」

　「自分がこの世に存在している意味が見いだせない」

　「みんなに迷惑をかけながら生き続けるのは耐えられない」

　「自分なんていないほうがましだ」

　自殺を企図念慮する人たちがよく挙げる理由です。でも自死する前にもう一度考えてほしいのです。この世に生まれてこられなかった生命もあります。生きたくても生き続けられなかった生命もあります。病気と闘いながら懸命に灯を燃やし続けている生命もあります。あなた方の生命は少なくとも自分で終止符を打てるだけ元気な生命であるはずです。ぜひ特別支援学校に来て，子どもたちの「生命」に触れてみてください。死を考えたあなた方だったらきっとその尊さ，愛おしさがわかるはずです。

　「生命」というのは理屈ではありません。この世に存在している証です。寝たきりの状態であっても重症心身障害の児童生徒たちの心臓や脳や内臓は機能しています。たとえ反応が微々たるものであっても，懸命に生きている，これだけで素晴らしいことです。何か打ち込めるもの，一生懸命になれるもの，それを「しごと」と呼ぶなら，汗水流して「働く」ことがそれに当たる人もいれば，病気や障害と闘って日々懸命に「生きる」ことが仕事だという人がいてもいいのです。それこそ「命懸け」の仕事であるのです。「赤ちゃんは泣くのが仕事だ」「子どもは勉強することが仕事だ」「今は療養に専念することが君の仕事だ」などとよくいうではありませんか。こうやって人間は生きている限り何か「しごと」をし続けます。だから，「人は死ぬまでキャリア発達し続け，それを促すのがキャリア教育」だというのです。

第5章　生命や自然，崇高なものとの関わりに関する道徳教育　99

そういう意味で，この道徳項目ではキャリアプランニング能力を活用すると進めやすくなります。前出「今後の学校におけるキャリア教育・職業教育の在り方について（第二次審議経過報告）」における「基礎的・汎用的能力」の解説によれば，次のように書かれています。

> 　「キャリアプランニング能力」は，「働くこと」を担う意義を理解し，自らが果たすべき様々な立場や役割との関連を踏まえて「働くこと」を位置付け，多様な生き方に関する様々な情報を適切に取捨選択・活用しながら，自ら主体的に判断してキャリアを形成していく力である。
> 　この能力は，社会人・職業人として生活していくために生涯にわたって必要となる能力である。具体的な要素としては，例えば，学ぶこと・働くことの意義や役割の理解，多様性の理解，将来設計，選択，行動と改善などが挙げられる。

　すでにおわかりになっているように，「働く」を矮小化して捉えるのではなく，自分が置かれた立場や状況によって「働く」「参加する」「活動する」「病気と闘う」など，いろいろな「働き方」があるという捉えです。そして「よりよく生きていく」「心豊かな人生を送っていく」「与えられた人生を精一杯全うしていく」ための力こそが，キャリアプランニング能力であって，上の解説に「生きることの意義や役割の理解」という最も大切な文言が出てこないことに，虚しさを覚えます。

　生命があること，それは決して当たり前のことではありません。生活するのがつらいときがあるかもしれませんが，私たちは多くの人々の支えがあって生きていられるのです。食料を生産し提供してくれる人，平和や安全や環境を維持してくれている人，救援の手を差し伸べてくれる人などに感謝するとともに，こうして生きていられる喜びを感じ，生きる権利だけではなく，生きる（与えられた寿命を全うする）義務も果たせる人に，特別支援学校の児童生徒には特になってほしいと思います。

2 愛護と感動
》》愛する力と感じる力をつける

D 主として生命や自然，崇高なものとの関わりに関すること
［自然愛護］
　〔第１学年及び第２学年〕
　　身近な自然に親しみ，動植物に優しい心で接すること。
　〔第３学年及び第４学年〕
　　自然のすばらしさや不思議さを感じ取り，自然や動植物を大切にすること。
　〔第５学年及び第６学年〕
　　自然の偉大さを知り，自然環境を大切にすること。

　生活単元学習などを通じて，特別支援学校の児童生徒たちは季節の移ろいを五感で感じたり，自然と親しんだりする学習の機会に恵まれています。それも学年が進行しても同じような単元が何度か繰り返されるので，どんぐり１つとっても，生活年齢の変化に伴って，感じ方や捉え方に変容が見られ，心の成長（キャリア発達）を実感することがあります。生活単元学習では，よく拾ってきた落ち葉や貝殻を使って作品を作ったりします。落ちているものはいいですが，わざわざ木の枝を折ったり，花や実を摘んだりしてまで作ることは，「自然や植物を大切にする」という道徳的価値の実践からしても避けたいところです。

　しかし人間は「自然や動植物を大切にする」だけでは生きていけません。動植物の多くの「いのち」をいただいて生きています。大切なのは必要最低限の「いのち」にとどめることです。必要以上の肉や魚は買わない，いただいた「いのち」は無駄にしない，つまりは食べ残さないなど，食育を通じて学べる道徳的価値がたくさんあります。

第5章　生命や自然，崇高なものとの関わりに関する道徳教育　101

動植物の「いのち」をいただくのは何も食べ物としてだけではありません。服，紙，家を作るにも自然の恵みを頂戴しなければなりません。しかし自然の恵みには限りがあるので，人間は「栽培」や「飼育」という方法を考えて，自然の恵みを増やす努力を古来よりしてきました。植林も養殖もみな人類と自然の共存をめざした英知です。

　特別支援学校の児童生徒にとって，動植物の「いのち」を実感できるのは，やはり飼育や栽培という学習を通じてでしょう。それも順調に育っているときではなく，枯れたり，死んでしまったりしたときが，道徳的価値を具体的に教えることができます。そして悲しんだり悔やんだりして終わりではなく，これまで頑張って生きたことをほめたり，何かしてあげられなかっただろうかと振り返ったりすることが道徳的実践につながります。

　一方で自然というものは恐ろしいものです。人間の力では到底太刀打ちできないようなことを，あっという間にしてしまいます。大地震や大津波は多くの人の生命を奪っただけでなく，人間が造ったものを瞬く間に破壊してしまいました。台風や集中豪雨，火山噴火，雪害などの様子は，DVDやYouTubeの映像を見せれば，児童生徒にもその「怖さ」は疑似体験させることができます。

　何も起こらなければ，気高く美しい姿を見せて観光地になる自然ですが，時として自然は，人間の強欲に対して「罰」を加えることがあります。儲けたいばかりに必要以上に魚や獣を乱獲すればいなくなります。森林を伐採して急傾斜地に建物や道路を作れば崩壊します。やたらにダムを作れば決壊して水害が起こります。地下資源も掘りつくせばなくなります。大気や海洋も浄化の限度を超えて汚せばもう二度と元どおりにはならないでしょう。異常気象も地球温暖化も，元はといえば，つつましさを忘れて欲に目がくらんだ人類の仕業です。

また，山や海岸の地形や鍾乳洞などの自然は2つと同じものはありません
し，刻々と姿を変えていきます。こうした地形を作り出したのは「誰」なの
か，考えてみる学習もおもしろいと思います。そこに自然の営みの「悠久
さ」「偉大さ」を感じ取ってもらえたら，そう簡単にそれを壊したり傷つけ
たりしてはいけないという道徳的価値がわかってくるでしょう。河原で拾っ
てきた石や流木でも，その遍歴をたどることで道徳の教材にすることができ
ます。さらに石油石炭といった化石燃料は昔の動植物だったという知識が入
るだけで，エネルギーを大切にしなくてはという心を育めます。そしてもし
風力や太陽光などの代替エネルギー発電施設を見学できたら，自然がもたら
す恵みに感謝できるでしょう。

　限りある天然資源と自然環境を大切にする道徳的心情を育む道徳科の授業
を展開していくと，何も手を加えるべきではないという「保全」という考え
方と，人類が生きていくためなら使ってもいいとする「活用」という考え方
が出てきます。もちろん「破壊」「支配」という考え方もあるにはあります
が賛同する人は少ないでしょう。そして話し合いが進むにつれ，自然と人間
がうまくつき合っていこうとする「共存」という考え方があることに気づい
てきます。こうした話し合いの過程をすべて児童生徒にさせていくのが，今
回の道徳科で狙う「主体的で対話的で深い学び」という手法です。

　しかし，特別支援学校の児童生徒の場合は，課題が大きすぎ，解決案を思
いついたり考えたりすることはかなり困難です。こうした道徳課題のときは，
最初に複数の担任が児童生徒の役になって，提案するところから授業を始め，
あとから児童生徒が加わって，「A先生の考えはちょっと変だ」というよう
な意見を出させるようにします。パネラーの教師に，フロアの児童生徒が質
問攻めするパネルディスカッション形式にするのです。

> D　主として生命や自然，崇高なものとの関わりに関すること
> ［感動，畏敬の念］
> 〔第1学年及び第2学年〕
> 　美しいものに触れ，すがすがしい心をもつこと。
> 〔第3学年及び第4学年〕
> 　美しいものや気高いものに感動する心をもつこと。
> 〔第5学年及び第6学年〕
> 　美しいものや気高いものに感動する心や人間の力を超えたものに対する
> 畏敬の念をもつこと。

　ここでいう「美しいもの」は，自然の美や驚異だけではなく，人間が創造した人工的なもの，例えば建築，絵画，音楽，文芸作品などにも，「美意識」をもって接することができるようになることです。

　「気高いもの」「人間の力を超えたもの」については，文面にはあえて書かれていませんが，「神々しさ」「神秘さ」を感じられるようにするということでしょう。ここに書かれている道徳的価値は，コンプライアンス（法令順守）というより「倫理観」といえます。つまり科学的に探究はできるけれども，そこから先は踏み込まないほうがいいという，科学への警告と捉えることもできます。

　もし，ここでいう「畏敬の念」の対象としてあえて取り上げるとすれば，それは「生命誕生の神秘」でしょう。DNA レベルで科学的に解析されるようになった今でも，その営みは不思議に満ちています。しかしこの先，遺伝子操作などが日常的にでき，クローン人間なども簡単にできるくらいの科学の進歩があったとしても，人間としてこれ以上踏み込んではならないという聖域があるはずです。決して知識やスキルとして「人間の力を超えたもの」がなくなる時代になっても，あえてそうした聖域を残しておかないと，人類

は自滅してしまうと思います。現在，AI（人工知能）の研究が盛んです。自分で考え判断するだけでなく，学習によって相手の心を読み取って行動するまでに進化してきています。将来はAI同士が，競争したり連携したりするようになり，やがて戦い出したり人間を支配下に置いたりする，まさに映画「猿の惑星」のような時代にきっとなるでしょう。こうなる前に，ある程度でとどまれる「倫理観」が，目先の探究心，利潤追求心，快楽志向といった「欲望」に勝てるようにしておかないとなりません。それこそが人類の英知だと思います。

> **質問12**
>
> 知的障害の児童生徒にとって，動物愛護は教えやすいですが，「崇高なもの」「畏敬の念」というのはどう教えたらいいのでしょう。

　数々の古代文明の遺跡など世界遺産に指定されている建造物や地域があります。そうしたものの写真や動画を見せて，「すごい」「きれい」「素敵だ」「行って見てみたい」と思う気持ちが養えれば，最低限いいと思います。自然美を含めてカレンダーの題材になっていることが多いので，年の暮れに集めておくと，「どの風景が好き？」などという教材に使えます。そのときに，「あなたが好きな風景や建物をみんなに紹介してもらうから，どこがどう素敵なのか紹介文を書きましょう」と，単なる感動ではなく，その理由まで深められると道徳科の授業になります。後でカレンダーの数字の部分を紹介文にして，廊下に掲示したりすると，それを見た人から声をかけられたりして，道徳的価値が定着していきます。

　「畏敬の念」は，不思議だなと感じる気持ちから生じます。壮大な宇宙や海洋の神秘の映像を見せるだけでなく，例えば「仔牛や仔馬の出産シーンと，仔牛や仔馬がすぐに立ち上がろうと頑張る映像」などを見せて，「すごい」「不思議」「拍手」「やった」「偉い」「頑張れ」などの言葉や表情が引き出せたら，立派な道徳科の授業になることでしょう。

第5章　生命や自然，崇高なものとの関わりに関する道徳教育　105

第6章
重度重複の児童生徒への道徳教育
● 生きている存在それがキャリアそのもの ●

1 かけがえのない社会的な存在である
≫≫ 毎日を懸命に生きていること自体が道徳的実践

　『バカの壁』（新潮社）の著者で東京大学名誉教授の養老孟司さんが，読売新聞のインタビューに答えて津久井やまゆり園事件について次のような趣旨の話をしています。都会の人間は，説明がついたり，意味があるものだけしか存在してはいけないと思っていて，「障害者は生きていても意味がない」と実行犯が言ったことは，まさにそれを示していると思う。細胞が数十兆もある人体を，わかると思っているのがそもそも間違いで，自然は意味のないものだらけだ。生き物など全く理屈が通らない。あるのだからしょうがない。そう考えるほかない。だから意味のないものを許容できない社会は怖い（2017年9月30日読売新聞夕刊参考）。実行犯の「障害者は生きていても意味がない」という暴言を「障害者に生きる意味を求めたってしょうがないじゃないか」と擁護して「障害者を許容できない社会は怖い」という理屈に使っているように思えてなりません。

　ここまで読み進めてくれた読者の皆さんには理解していただけているとは思いますが，私は「どんなに重度の障害者であっても，意味や役割をもってこの世に生まれてきて，それを果たすことが天命だ」と考えています。その意味や役割が何であるのか，どうしたらその意味や役割を果たすことができるようになれるのかということを真剣に考え，それを支援し具現化していくのが，保護者をはじめ関係者の大きな役割であると思っています。「意味を見いだす」努力もせずに，生まれてきた，そして生きている「意味がない」「意味を求めてもしょうがない」と決めつけるのはどうかと思いますが，いかがでしょうか。

多分，「障害者は生きていても意味がない」といった考えをもつ方々と私とでは，養老さんが「人間同士が理解しあうというのは根本的には不可能である。理解できない相手を，人は互いにバカだと思う」（『バカの壁』参考）という関係にあるのだと思います。

　第1章でも述べてきたとおり，こうした経済効率至上主義の人々にとって，「働けない」「働かない」人は，「お荷物」でしかありません。その人の分まで働かなくてはならないとしたら，実際に口に出して言うかは別としても，心の中では，そうした人はいなくなってくれたほうがましだと考えています。自分たちが頑張って納めた税金の多くは，自分たちのために使われず，「働けない」「働かない」人を食べさせるために使われているんだと思ってしまうと，労働や納税の意欲が失せてしまう，だから少しでもそういう人を減らす政策を打つべきだ，というロジックで生まれたのが「キャリア教育」，つまり，学校は勤労観・職業観を育成して「働ける」「働きたい」人にして卒業させろという主張だともいえなくはないのです。

　確かに就労を希望する障害者にとっては，法定雇用率も上がり雇用環境が格段によくなりました。しかしいくら法定雇用率を上げても，就労そのものが難しいまたは向いていない障害者がいます。特別支援学校に限っていえば70％近い児童生徒がそうした恩恵にあずかれないのです。つまり「働ける」「働きたい」人にすることだけをめざす「ワークキャリア教育」では，いくら内容を薄めても限界があります。高校生の50％以上が大学進学をするのと違い，特別支援学校高等部卒業生の50％以上が企業で就労ができるなどということは夢物語なのです。そこで私は，「企業で働ける」人ではなく，まず「社会で生きていける」人にする「ライフキャリア教育」を提唱しました。これならすべての人に当てはまります。しかし，まだまだ「めざせ就職率〇％」などと数値目標を挙げて，それを達成することがキャリア教育だと信じて疑わない特別支援学校があることが残念です。

第6章　重度重複の児童生徒への道徳教育　107

経済効率至上主義の人々に対して，「障害者が職場にいるだけで癒される」「みんなが優しい気持ちで仕事ができる」「不自由な身体で頑張っているのを見ると元気や勇気がもらえる」といった，情緒的なアプローチをしてもまず通用しません。「それがどうだっていうんだ，ペイできるのか，我々は世界経済の中で食うか食われるかの戦いをしてるんだぞ，慈善事業をしてるんじゃないよ」と逆襲されるのがオチです。これは私が進路担当をしていたときに，中小企業の社長さんからよく浴びせられた言葉です。

確かに，最低賃金に見合うだけの働きができるかと問われれば「はい」とは言えない生徒が大勢いますが，彼らを「まともに働けない」人として「働ける」人がバッサリ切り捨てるのでは，成熟社会とはいえません。そのためにも，「働く」というのは自分や家族のためだけのものではなく，それによって社会に奉仕したり，公共のために役に立ったりしているという，「自己有用感」に結びつけた道徳教育をしっかりしないとなりません。

C　主として集団や社会との関わりに関すること

〔公正，公平，社会正義〕

〔第5学年及び第6学年〕

　誰に対しても差別をすることや偏見をもつことなく，公正，公平な態度で接し，正義の実現に努めること。

〔勤労，公共の精神〕

〔第5学年及び第6学年〕

　働くことや社会に奉仕することの充実感を味わうとともに，その意義を理解し，公共のために役に立つことをすること。

〔よりよい学校生活，集団生活の充実〕

〔第5学年及び第6学年〕

　先生や学校の人々を敬愛し，みんなで協力し合ってよりよい学級や学校をつくるとともに，様々な集団の中での自分の役割を自覚して集団生活の充実に努めること。

と同時に，重度の障害者には「様々な集団の中での自分の役割を自覚して集団生活の充実に努める」という道徳項目に実感をもてるようにする工夫と支援が関係者に求められます。しかし現実には，健常者と障害者，または軽度の障害者と重度の障害者という力関係に立つと，どうしても重度の障害者は，健常者や軽度の障害者から「お情け」でもらった役割を「ありがたい」と自覚する，つまりは集団に何とか置いてもらっているという感じにしかならず，これでは重度障害の児童生徒の道徳とはいえません。

　そうではなく，支援の仕方次第で，重度障害の児童生徒は，端役ではなく主役になれ，集団の中心に位置づけられることを教える必要があります。例えば次の道徳的価値は，重度障害の児童生徒を主役にすることで理解が深まり，道徳的実践を目の前で確かなものにできるものばかりです。

　A　主として自分自身に関すること

［個性の伸長］

　　〔第5学年及び第6学年〕

　　　自分の特徴を知って，短所を改め長所を伸ばすこと。

［希望と勇気，努力と強い意志］

　　〔第5学年及び第6学年〕

　　　より高い目標を立て，希望と勇気をもち，困難があってもくじけずに努力して物事をやり抜くこと。

　B　主として人との関わりに関すること

［親切，思いやり］

　　〔第5学年及び第6学年〕

　　　誰に対しても思いやりの心をもち，相手の立場に立って親切にすること。

［友情，信頼］

　　〔第5学年及び第6学年〕

　　　友達と互いに信頼し，学び合って友情を深め，異性についても理解しながら，人間関係を築いていくこと。

第6章　重度重複の児童生徒への道徳教育　109

そうです。健常者や軽度の障害者は，重度の障害者の日々の生活から学ぶことができるのです。重度障害の児童生徒は何も特別なことをしなくてよいのです。普段の生活ぶりや行動をそのまま見せることで，健常者が無意識にしているような日常生活動作（ADL）でも，重度の障害者はこんなに意識を集中させたり力を入れてやっているんだ，それだけでも疲れちゃうよな，よくあきらめないで最後まで頑張れるよな，と，一挙手一投足を観察するようになり，自分自身を振り返るようになります。

　つまり道徳教育は等質集団がよいのでなく，1人でもこうした重度重複の児童生徒がいる集団のほうが「道徳的学び」は多くなるのです。それは世の中全体にもいえます。学歴や能力がほぼ等質の企業社会では協力どころか競争と足の引っ張り合いにあけくれます。しかしいろいろな職種や経歴の人々が集まった企業社会では，お互いの特性を生かし，苦手な部分をカバーし合いながら協力してやっていこうという機運が高まります。その中では一人ひとりがある意味で主役です。個性を潰し合うようなことはなく，互いに長所を見いだし，一目置き合う存在になります。

　よく「友達のいいとこ探し」という道徳の授業があります。互いに長所を指摘し合うものです。こうしたときにインクルーシブな学級では，重度重複の児童生徒に「笑顔がかわいい」「いつも手を振ってくれる」「聞こえないけど会うと口を動かしてくれる」「僕たちより何倍も頑張ってる」「いつもそばに先生がいてくれてうらやましいな」などいろいろな言葉が降り注がれます。そのたびに「そうそう」「そうかも」「あっ，そうか」と，教師が大げさに反応します。そして「Gくんは私に話しかけてくれる」「Hさんは僕の汗を拭いてくれた」「ねっ，そうだよね」などと教師が代わりに友達のいいとこ探しをしてあげます。これが「私はここにいていいんだ」「僕もみんなに認められているんだ」という集団の構成員の1人であるという自覚につながります。児童生徒の保護者も同じ気持ちだと思います。

肉体的生存	社会的生存	人間的生存
水分・栄養分の摂取	**自立と社会参加**	呼びかけに反応する
老廃物の排泄		感情を身体で表す
睡眠		働きかけを受け入れる
体温調節		対象を目や手で追う

たくましくなる
適応力がつく
免疫力が高まる

キャリア発達

変化に気づく（情報活用）
繰り返しがわかる（将来設計）
やりとりをする（人間関係）
待つ・動き出す（意思決定）

　特に重症心身障害の児童生徒は医療ケアを受けながら日々生きていくことで精一杯だと思います。生命を維持していく「肉体的生存」という側面がまずあります。この中で「免疫力や適応力が高まる」というのは，まさに道徳項目〔希望と勇気，努力と強い意志〕〔第1学年及び第2学年〕「自分のやるべき勉強や仕事をしっかりと行うこと。」を命懸けで実践した成果だと捉えます。さらに，人としての「人間的生存」としての側面を考えると，同じように「呼びかけに反応する」というのは，〔礼儀〕〔第1学年及び第2学年〕「気持ちのよい挨拶，言葉遣い，動作などに心掛けて，明るく接すること。」ですし，「働きを受け入れる」いうのは，〔公正，公平，社会正義〕〔第1学年及び第2学年〕「自分の好き嫌いにとらわれないで接すること。」です。このように考えれば，ライフキャリア教育と同じように，最重度の児童生徒にも立派に道徳教育が成立し，毎日生活することで道徳的実践をしていることがわかります。

第6章　重度重複の児童生徒への道徳教育　111

そして，この図で強調したいのが「社会的生存」です。どのように重度の障害者であっても，「生きている」ということが，ただ生命を維持しているだけでなく，現に人としてこの世に存在しているということです。戸籍があること，病院にカルテがあること，これはまさに社会的に存在している証しです。さらに多くの人が当事者本人の周りで関わっていれば，それはもう，当事者本人が1つの「社会」をつくり出したことになります。そしてその「社会」の存亡を左右する中心人物であるのです。

　このことは，［生命の尊さ］〔第1学年及び第2学年〕「生きることのすばらしさを知り，生命を大切にすること。」［よりよく生きる喜び］〔第5学年及び第6学年〕「よりよく生きようとする人間の強さや気高さを理解し，人間として生きる喜びを感じること。」と関連づけて考えれば，素晴らしい道徳的価値を周囲に教え，医師や教師や支援員の雇用を創出する「社会的存在」，つまりは，なくてはならぬ人であるということになります。

　2018年1月8日の読売新聞朝刊にこんな趣旨の記事が出ていました。かつてNHK「おかあさんといっしょ」でダンスを担当していた，まゆおねえさんは，早産で低体重児を出産しました。夫婦とも体育会系なので，妊娠中は「何のスポーツをさせようか」と楽しみだったそうですが，思いがけず娘さんがNICUに入って，母子離れになった最初の2か月があったため，これからは娘が得意なこと，楽しめることを伸ばしてあげたい。生きているだけで百点満点。これからも娘の生きる力を信じ，成長を見守っていきたいと今は心から思うそうです。まさに「生きているだけで百点満点」であって，あとは周囲が生きていける環境を築いてあげることです。重症心身障害児に接するたびにそう思います。

　ゲノム研究で有名な生命科学者の中村桂子さんは，人間は生き物です。私は科学者ですからデータも見ますが，私自身の生き物としての感覚で考えま

す。そうした生き物としての感覚を，老若男女みんなが持ち，生きる楽しさや小さな幸せを積み重ねていけば，おのずと社会は変わってきます。機械は均一で同質であることを良しとされますが，生きることは，結果ではなくプロセスです。効率の悪さや面倒なこと，嫌いなこと，くだらないことも含めて，毎日の暮らしを大切にすることが生きることです。生き物は同じ遺伝子を持っていても，プロセスによって結果が全く違ってきます。それが生物の多様性で，すべての生き物は宇宙にたった一つだけ。素晴らしいことだと思います。(「JAF Mate」2018年１月号参考）といった趣旨の話を語っています。人間は，機械のように規格化・同一化される必要はなく，みなそれぞれがオンリーワンの生き方をしていけばよいのです。

　「キャリア発達」というのは，肉体的発達でもなければ，知識やスキルを積む知的発達でもありません。「経験から学び取った心の成長・変容」つまり，一人ひとりが日々心豊かに生きていくプロセスそのものなのです。明日のことを考えながら今日１日どう過ごそう，今やっておけばあとが楽だな，そんなたわいもない日々の積み重ねが「生きること」であると思います。だから，私の提唱するライフキャリア教育（将来を意識して早い段階から少しずつ生きる力を育んでいく教育）では，卒業後，10年後のことではなく，「１分１秒後だって将来」と捉えるのです。人生は１分１秒の積み重ねであり，その延長線上に「卒業式」とか「成人式」といった節目（ライフイベント）があるにすぎないのです。

　経済効率や学歴学力といった側面だけで人間を見る，それをもって人間としての価値を決めるというのはとんでもなく恐ろしい思想です。金子みすずさんの詩のように，人間は一人ひとりみんな違っていいし，それがとてもいいことなのです。みんながかけがえのない存在であり，それぞれに素晴らしい価値をもって輝いて生きていくのがこれからの成熟社会であり，それこそが真の意味での「１億総活躍社会」だと思います。

第６章　重度重複の児童生徒への道徳教育　113

2 人や社会の常識や思い込みを変える使命がある
≫ 優しい社会づくりと経済成長になくてはならぬ存在

　次の図は，保護者向け講演会で私がよく見せるものです。障害児の保護者は日々子育てと格闘しています。そうした中では「この子がいるせいで」と不平不満がふつふつとわいてきます。感情というものを内在している人間ならばいらいらすることがあって当然のことで，愚痴をこぼしていいのです。反対にこれらを押し殺して聖人ぶって子育てをしている人のほうが，ふとしたきっかけで虐待や心中という事件を起こしてしまいます。

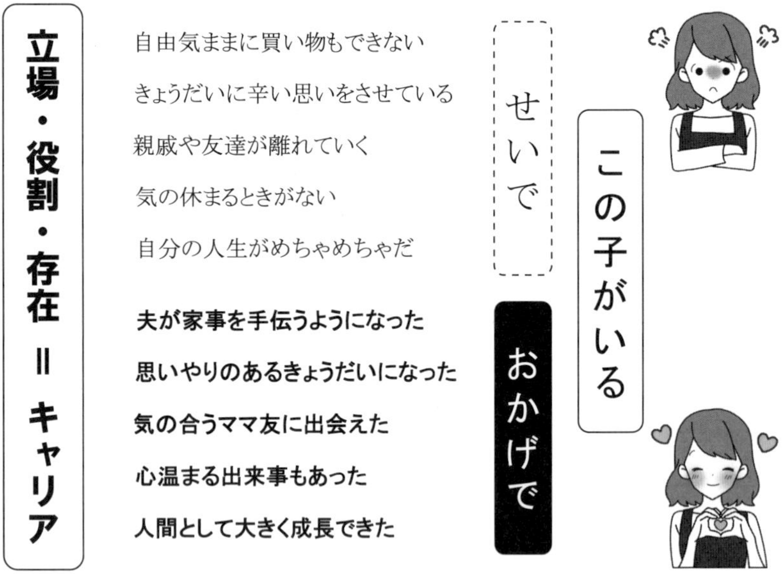

立場・役割・存在＝キャリア

自由気ままに買い物もできない
きょうだいに辛い思いをさせている
親戚や友達が離れていく
気の休まるときがない
自分の人生がめちゃめちゃだ

夫が家事を手伝うようになった
思いやりのあるきょうだいになった
気の合うママ友に出会えた
心温まる出来事もあった
人間として大きく成長できた

せいで

この子がいる

おかげで

　そんなとき，ちょっと「この子がいるおかげで」と考えてみてください。決して悪いこと嫌なことばかりではなかったはずです。振り返ってみると，健常児だけを育てた保護者に比べ，当事者本人から学んだことが多く，それによって家族も大きく成長できたのではないでしょうか。

人間として成長する，ひとまわり大きくなるというのは，決して肉体的や知的に発達したということではありません。心が成長・変容したわけで，これを「キャリア発達」といいます。これは道徳的価値を学び，道徳的心情をもち，道徳的実践ができたことになります。では周りの人々をこれだけ人間的に成長させてくれた人は誰でしょう。いうまでもなく，障害当事者である子どもです。それが子どものキャリア（立場・役割・存在）であり，この世で生きていく意味です。

　さらに保護者や家族をこれだけ変えられるなら，それにとどまることなく，取り巻く周囲の人々を変え，さらに世の中の「常識」を変えていけるはずです。それがこの世に生を受けた理由であり，果たすべき役割（使命，ミッション）です。本人自身がその役割を自覚するというのはかなり難しいので，周りの人々が，そうした役割を本人が担えるように支援していくこと，それがキャリア教育だと思います。そしてその過程は［善悪の判断，自律，自由と責任］〔第3学年及び第4学年〕「正しいと判断したことは，自信をもって行うこと。」であり，［希望と勇気，努力と強い意志］〔第3学年及び第4学年〕「自分でやろうと決めた目標に向かって，強い意志をもち，粘り強くやり抜くこと。」であり，［真理の探究］〔第5学年及び第6学年〕「真理を大切にし，物事を探究しようとする心をもつこと。」の道徳的実践であるわけです。

　名古屋城に木造の天守閣を再建しようとしている名古屋市は，江戸期の天守閣の忠実な復元をめざすため，内部にエレベーターを設置しない案を示し，障害者団体の反発にあいました。「我が国や郷土の伝統と文化を大切にし」と「誰に対しても差別をすることや偏見をもつことなく，公正，公平な態度で接し，正義の実現に努める」の2つは，どちらも道徳科で掲げられている道徳的価値で，これはそのままモラルジレンマ（道徳的価値同士のぶつかり合い，葛藤）のいい道徳教材になります。

バリアフリーが立法化され，ユニバーサルデザインも浸透してきました。でも，そうした時代にあってもまだ「車椅子の人が天守閣の上まで行くとは思えない」という思い込みがあったとしたらどうでしょう。実はそれが20世紀の「常識」だったのです。卵が先か鶏が先かの議論にはなりますが，20世紀においては重度の障害者の行動範囲は狭く，名所めぐりに自由に行くなどは考えられなかったのです。多くの障害者もまた，それを仕方のないとか，そうやって生きていくしかないと思い込んでいました。ところが障害当事者団体である「青い芝の会神奈川県連合会」が，1976年に路線バスに乗車拒否をされたのを契機に，抗議活動を展開。翌年にはバスを占拠するという実力行使に出ました。いわゆる「川崎バスジャック事件」です。当時はこうした強引なやり方に批判が殺到したものですが，一石を投じたことで，障害者も当たり前に街に出る，自由に出てもいいんだということに気づく人が出てきて，交通バリアフリーに誰も異を唱えない今の社会をつくったのです。

　でもこうした戦いは21世紀になってからも延々と続いています。例えば2018年4月1日から自費で購入したものを含めて，ハンドル型の電動車椅子（いわゆるシニアカー）のまま鉄道に乗れるようになったことをご存知ですか。シニアカーが登場した頃から，新幹線等では重くて大きいため他の乗客の妨げになるという理由で乗車拒否が始まり，2004年には大阪法務局から人権侵害だと改善勧告が出されたため，2009年に認定を受けた一部のものだけを認めました。ところが2010年にはシニアカーで来日した外国人観光客の乗車を拒み，自国では乗れるのにと報じられました。そうしたこともあって2016年に国土交通省は鉄道会社との検討会を立ち上げ，2020年の東京パラリンピックを見据えて，ようやくこの問題が解決したのです。

　「障害者の権利に関する条約」や「障害を理由とする差別の解消の推進に関する法律」で掲げられる「合理的配慮」は，民間業者には罰則のない努力義務ですが，マスコミ等で報道されると企業イメージや信用が落ち，業績低

下に直結するため，かなりの勢いで浸透し出しています。

　また2011年まで，重度障害者が成年後見制度を使うと選挙権がなくなるという法律がまかり通っていました。「重度障害者が投票に行くはずはない」「重度障害者には選挙といった意思表示ができるはずはない」などという偏見が世の中の常識になっていて，重度障害者自身も仕方ないとしていました。それが障害当事者である名児耶匠さんの「お父さんと一緒に選挙に行きたい」という素朴な訴えにより，2013年３月14日違憲判決が出て，国は裁判で和解する道を選び，直後に法律改正もされました。このダウン症の女性が50歳にしてこの世で果たした役割は，我が国の歴史上に燦然と残ることになります。実はその後に選挙権の年齢が18歳に引き下げられたときに，特別支援学校の生徒も無条件で選挙権が与えられたのは，この裁判がそれより前にあったおかげであって，決して当然のことではなかったのです。まさに新しい伝統をつくった先人の努力を知る，とてもよい道徳教材になります。

［伝統と文化の尊重，国や郷土を愛する態度］
〔第５学年及び第６学年〕
　　我が国や郷土の伝統と文化を大切にし，先人の努力を知り，国や郷土を愛する心をもつこと。
　　　　　　　　　　　　　　　　　　　　　　　　　　（下線は筆者）

　障害だけでなく，年齢，性別，国籍などを超えたダイバーシティ（多様性）の理解が進んできた現在であっても，「無意識の偏見」「固定観念」「思い込み」といったものが数多く存在しています。よくいわれるのが「障害者はかわいそう」という言葉です。でも障害当事者からは「障害があることは不自由ではあるけれど不幸じゃない」という言葉がよく聞かれます。

［よりよく生きる喜び］
〔第5学年及び第6学年〕
　よりよく生きようとする人間の強さや気高さを理解し，人間として生きる喜びを感じること。

　芸術やスポーツの世界で活躍する障害者だけが，いわゆる健常者といわれる人々の心に感動や勇気を与えられるのではありません。逆に重度であればあるほど，もっともっと「生命力」「生命の尊さ」をアピールできます。それが「そんな状態で生きているのはかわいそうだ」「生きていてもつらいだけじゃないか」といった「障害者は生きていても仕方ない」という，あの偏見に結びつかないようにするのが道徳教育だと思います。そのためには，まず重度重複や最重度の児童生徒が楽しそうに生きている，生きていることに喜びを感じているということを世の中に知らしめないとならないと思います。だから堂々と「街」に繰り出して，その「存在」をアピールしてほしいのです。「街」で当たり前に見かける存在になれば，奇異の目や冷たい視線は確実に減少していきます。そして，自分たちと違う部分はあるけれども，嬉々として生を満喫している点では，自分たちと全く違わない存在なのだと世の中の人々が気づいてくれたとき，障害者は真の意味での市民・国民の1人になれるのでしょう。

　昔はそれこそ「障害者をさらし者にしてはかわいそう」といった考え方があり，実際に「座敷牢」といったところで一生を終えた障害者もいました。2017〜18年にかけて寝屋川市や三田市で相次いで発覚したプレハブ小屋や檻に20年も障害者が親に監禁されていた事件は，それが決して遠い昔の話ではないと改めて思い知らされました。しかしまだまだ保護者や関係者の中には「そっとしておいてほしい」「目立つことはしたくない」という大人の都合で，ひっそりと生活させられている障害者がいることは確かです。

津久井やまゆり園の事件でも，犯行動機とともに問題になったのが，被害者の氏名を公表しないという警察の対応でした。「遺族の意向」ということが前面に押し出されましたが，その背景には「亡くなってまでもさらし者にされたくない」というだけではなく，「わが子を施設に入所させていたことを今更知られたくない」という「施設に入れざるを得なかった親のうしろめたさ」のようなものがなかったとはいえません。はっきりいってこれは入所させた保護者の立場や都合であって，本人たちが「氏名非公表」を本当に望んでいたのかは疑問です。「19人の尊い生命」とひとからげにして語られるものではなく，たとえ仮名であっても19人の「それぞれの人生」を公表することこそが，生命の重みを世の中に訴えられ，一人ひとり違った人生を送っていた，一人ひとりに生きていく意味があった，これからまだまだ楽しい人生が送れるはずだったという，実に「当たり前のこと」が重度の障害者にもあったということを世間に知らしめることができると思います。

　少し古いデータですが，厚生労働省の研究班が，認知症の人や医療や介護にかかる「社会的費用」は2014年には，年間14兆5000万円にのぼり，うつ病の人にかかる「社会的費用」３兆円の約５倍に迫ったという推計を発表しました。一方で，2017年８月21日の読売新聞によれば，同性カップル向けの結婚式や住宅ローンといったLGBT（性的少数者）関連ビジネスは６兆円規模の経済効果が期待されるといわれています。同じように世の中でお金が動いても，前者は「費用」，後者は「経済効果」この違いはいったい何なのでしょう。学童保育が経営難に陥り減少する中，障害児対象の放課後等デイサービス事業所は増加の一途をたどっています。都道府県や市町村が直接税金を投入して老人ホームを作ると「費用」と呼ばれて目の敵にされ，，たとえ間接的に税金が使われても，民間企業がビジネスチャンスと捉えて投資の対象として事業展開をすれば「経済効果」と呼ばれ，景気浮揚策として歓迎されるものになるのです。

第６章　重度重複の児童生徒への道徳教育　119

今や2020年の東京パラリンピックに向けて，バリアフリー化工事が一段と加速しています。これを「行政」が仕方なしにやる「費用」と捉えるか，「企業」が工事を受注できる「ビジネスチャンス」「経済効果」と捉えるかによって障害者をはじめとする社会的弱者への世間の見方は180度変わってくるのです。障害者のためにする改良工事は，やがて高齢者に，そしてすべての市民にとって便利で快適に利用できる施設へと転換していきます。その立役者が「重度障害者」なのです。重度障害者だからといって卑屈になって生活する必要などありません。暮らしよくするために身をもって提言し，新しいビジネスにしてあげればいいのです。「障害者様様」といわれるような社会環境をつくり上げることです。

　例えば，「とろみ食」1つとっても，かつては重度障害者や病人が食べるもので，それぞれの場所でその都度再調理する手間のかかるものでした。しかしそのノウハウが生かされ，いまや嚥下が難しい後期高齢者のためにレトルト食品化され，スーパーで売られる時代になりました。「面倒くさい」ものから「儲かる」ものになったのです。

　福祉車両でも，介護ロボットでもまだまだ改良の余地をたくさん残していますが，研究開発者には固定観念があって，出会ったことのない，より重度の障害者への発想転換がありません。ですから，より重度の障害者であればあるほど，そうした研究所に赴いて姿を見せるだけで，その研究開発にヒントやアイデアを与え，世の中に貢献できるはずです。このように身をもって研究開発に携わる「モニター」や，何も話さなくてもその会議の場にいるだけで一目置かれ，政策提言に貢献できる「審議会専門委員」というものが，近い将来，重度障害者の「しごと」になる日が来ると信じます。必要は発明や発展の母といわれるように，改善や逆転の発想の「必要性」を知らしめることが，「生きる価値のある存在」にするのです。

3 違いを強みにして堂々と生きていけばいい
>> QOLの向上を図ることがキャリア教育

　厚生労働省の研究班が2015年に日本ダウン症協会の12歳以上の当事者852人に調査したところ，次のような結果が出ました。

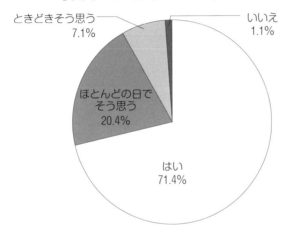

出典：厚生労働省「ダウン症がある人の生活の実情を把握する大規模調査」

　「幸せだと思わない」と答えた人はわずか1.1％で，いわゆる健常者から比べると，障害当事者の幸福度は極めて高いと思います。「障害は不自由なこともあるけれど，決して不幸せではない」という言葉を裏付けています。いろいろと社会との摩擦やしがらみを感じてしまう健常者が，勝手に障害者のことを「かわいそう」「大変」と思い込んでいるだけで，自分なりの楽しみを見つけ，世の中をむしろ上手に生きているのです。特に友達を作るのがうまいダウン症の人々（同じ調査で，すぐ作れると回答した人は62.8％）にとって社会生活は苦にならないことが多いようです。

反対に社会生活に生きづらさを感じてしまうのが発達障害の人々です。「発達障害」という言葉が登場して，もちろん救われた本人や家族もいたとは思いますが，逆にステレオタイプ（定型化されたイメージ）として世の中に定着するおそれも十分にあります。「困った人」といわれていたときのほうがむしろ一人ひとりの個性として周りに理解してもらえていたのが，「発達障害」とひとくくりされることで，そこからは個性というものが消えた理解になってしまいます。よく制服を着ているだけで〇〇高校の生徒といったイメージをもたれてしまうのと同じです。ICF（国際生活機能分類）でいうところの，個人因子も，環境因子もみな異なるのに，一人ひとりの特性や可能性に目を向けることなく，「発達障害だから仕方ない」「発達障害だから無理」と否定的にとられるケースが少なくありません。「合理的配慮」ということで一般的に対処してくれることはよいのですが，当事者の努力や個別の支援によって伸びる人もたくさんいるのです。

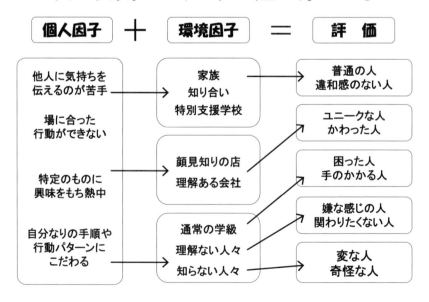

一般的に障害のある児童生徒たちは，学校時代はかなり配慮された環境の下で過ごします。「障害」ということだけを理由にしたいじめはそう多くはありません。ところが卒業後の社会はそんな甘いものではなく，ちやほやされて育ってくると，そのギャップには計り知れないものがあります。

　これまでは，ノーマライゼーション，バリアフリー，ユニバーサルデザインという考え方の普及で，どうしたら「重度障害者にもできる」ようになる工夫とか，「重度障害者でもできる」ようにする支援といったことばかりが考えられてきました。しかしその根底にはいわゆる健常者と「同じでないとならない」「同じにしなくてはならない」という発想があります。もちろん障害者の人権という視点からすれば当然のことですが，それは社会や環境が努力することであって，障害当事者にとってはかなり無理したり，背伸びをして疲れてしまうことが少なくありません。

スキージャンプの高梨沙羅選手が登場する企業の CM をご覧になられた方も多いと思います。「ひとと違うという，価値」「自分の強みをしっかり理解して，人とは違う部分を伸ばす」「自分の短所を武器に変える力も長所だ」「ちがい，を磨こう」といったコピーが次々繰り広げられます。発想の転換次第で人間はどのようにでも光輝くのです。

　要するに「重度障害者<u>だから</u>できること」「重度障害者<u>でないと</u>できないこと」という，いわゆる健常者との「違い」に着目して，むしろ重度障害を「強み」として発揮していくという考え方があってもよいのではないでしょうか。そのほうが変に気取らず，堂々と生きていけるのではないか，それが「自分らしく生きる」いうことではないかと思うのです。平成不況の時代になってから，「ナンバーワンよりオンリーワン」とか「みんな違ってみんないい」と巷でもよくいわれるようになりました。

　いわゆる健常者に少しでも近づけることが特別支援教育の目標ではなく，一人ひとりの教育的ニーズに応じた教育の先にあるのは，「一人ひとりのユニークな個性を発揮していける生き方」であるはずです。「障害」は決して短所ではありません。それを長所と考え伸ばすという発想こそが，糸賀一雄先生ではありませんが「障害当事者を世の光に」でき得るのです。

〔個性の伸長〕

〔第５学年及び第６学年〕

　　自分の特徴を知って，短所を改め長所を伸ばすこと。

A　主として自分自身に関すること

〔向上心，個性の伸長〕

〔中学校〕

　　自己を見つめ，自己の向上を図るとともに，個性を伸ばして充実した生き方を追求すること。

いつだって，ひとりの個性が新しい道を切り開いてきた。だから，ひとりの個性は，みんなの可能性になる。たくさんの違った生き方があれば，それだけ選択肢が豊かで，彩りのある未来になる。こんな趣旨の広告を集英社が出しました。世の中は確実に，同質性よりも多様性を求めたり，それを尊重したりする時代になってきています。規格品や既製品ではなく，それぞれのニーズに応じてカスタマイズやオーダーメイドできる製品が売れています。重度障害者は多様性，可能性を生み出すまさにパイオニアなのです。

　それともう１つ，今は「もの」から「こと」へ販売の軸足がシフトし出しています。そうなると，ものづくりが苦手な重度障害者にとってビッグチャンスが訪れるかもしれません。つまり「生産」ではなく何らかの「サービス」ができれば，仕事を得て生きていけるようになります。具体的には，市役所の受付でにこにこ笑顔でいる仕事，モデルやモニターになって存在をアピールする仕事，住宅街を集団で散歩する防犯の仕事，広告入りのジャンパーを着たり幟や矢印を持って街頭に立ったり道案内する仕事など，いろいろ考えられます。福祉活動に熱心な女優の東ちづるさんは，「共生社会」を「まぜこぜの社会」という日常語にして，こんなことを言っています。アート・映像・音楽など，わくわく楽しいところにいろんな人と一緒にいて，浅く，広く，ゆるく，人と人がつながっていたら，すごい力になる。色とりどりの人がいる，まぜこぜの社会の心地よさを一緒に体験してほしいと（全労済『Safety Family』2018年新年号参考）。

　「労働生産性の向上」という言葉が巷に流布しています。日本は先進国の中でも１労働者が生み出す生産量が低い，仕事の効率が悪いということです。効率が悪くったって別にいいじゃないですか。限りある富を分配して，つつましくても，みんなが幸せでいられれば。労働者数から障害者を除外して，データが改ざんされないことを切に祈りたいと思います。

第６章　重度重複の児童生徒への道徳教育　125

　21世紀初頭，さかんに「措置から契約へ」とか「ADLからQOLへ」といわれました。障害の改善・克服をめざした治療や訓練にばかり時間を費やし，歯を食いしばって一生を終えるという生き方ではなく，「生活の質」「人生の質」を向上させて「生きている喜び」を感じられるようにしようということです。病院のベッドサイドで教育を受ければ確かに安全です。在宅で訪問教育を受けるほうがリスクは少ないです。それなのにリスクを負ってまでスクーリングに参加する意義は何なのでしょう。それは病室や家庭では味わえない「刺激」です。五感を刺激する大勢の教師，友達，遊具，教材など，まさに「社会で生きている」という，わくわくどきどき感です。このQOLの「Life」には「生活」「人生」のほかに「生命」という訳語があります。まず「生命の質」が保障されなくては「よい人生」にはなりません。他人の人権を守ることだけでなく，自分に与えられた天寿を全うする義務も最大の道徳的実践だと思います。

最近は「コミュ障」というコミュニケーションが苦手な若者が増えてきました。読売新聞がこれを特集した2018年1月9日の紙面の中で，筑波大学教授の土井隆義さんは，集団の中で浮いても，一人でもいいではないか。今の状況に100％適応しなくていい。人と違うことを恐れるな。その人にしかないものが社会で輝くタネになる。コミュニケーション力は通貨のようなもので，あった方がいいけれども，それで何を買うか，その力を使って何を語るか，相手と何を共有できるのかなのだ，というような趣旨の話をしています。また，1970年代に「男は黙って○○ビール」というコピーをヒットさせた秋山晶さんも同新聞紙面で，外国の方が自分の会社で働いていれば，何もしゃべらなくても，それ自体がコミュニケーションだ。そこにあなたがいることが，コミュニケーションなのだ，と言っています。これらのことを，重度障害者が何も語らなくても同じ空間に存在している，そのことによって相手と共有・共感できるものがある，それがコミュニケーションだ，と解釈すれば，「ともに生きる」という道徳的価値を，そのまま道徳的実践に結びつけていくことができます。

　道徳教育が以前から盛んな千葉県立袖ケ浦特別支援学校（肢体不自由教育）では，重度重複課程に属する児童生徒の道徳目標を次のようにして，道徳科の授業を実践しています。

- 基本的な生活リズムや生活習慣を確立する。
- 身の回りの「いのち」に気付き，大切に思う。
- 元気な挨拶をする。
- 自分の良さに気付き，よりよい生き方を求める。
- 家族とのふれあいを喜ぶ。
- 友達に思いやりの心をもち，協力する。
- 郷土や国の伝統や文化に親しみ，豊かな心を養う。

第6章　重度重複の児童生徒への道徳教育　127

「郷土や国の伝統や文化に親しむ」などというと難しい感じがしますが，和太鼓なり，七夕なり，その地方の踊りなど，音楽や生活単元学習や集会などで扱っているものを，この項目とリンクさせれば，立派に道徳教育になります。こうして重点項目を抽出できれば，やることが見えてきます。特別支援学校の新学習指導要領第3章「特別の教科　道徳」にも，次のようにしっかり書かれています。

> 知的障害者である児童又は生徒に対する教育を行う特別支援学校において，内容の指導に当たっては，個々の児童又は生徒の知的障害の状態，生活年齢，学習状況及び経験等に応じて，適切に指導の重点を定め，指導内容を具体化し，体験的な活動を取り入れるなどの工夫を行うこと。

何をいっているかといえば，小・中学校の道徳科に書かれているA〜Dのすべての道徳的価値を網羅的に取り上げるのではなく，自立活動と同じように，その中から「個々の児童又は生徒の知的障害の状態，生活年齢，学習状況及び経験等に応じて」抽出し重点化し，できそうなことを選択して行えばよいというわけです。つまり，これまで，重度重複の児童生徒を対象とした道徳教育は，「無理」「困難」と考えられ，あえて避けられてきましたが，このような考え方ややり方をすれば，いくらでも道徳科の授業が展開できるのです。

今目の前にいる児童生徒が，次の障害者基本法に書かれているように，少しでも将来，地域で心豊かな毎日が送れるよう，児童生徒たちを主人公にして，世の中を変える活動を積極的にしてください。それがそのまま児童生徒たちの道徳的実践になり，主体的に社会を変えたという自信と意欲につながり，自己肯定感と自己有用感をもって生きていける人づくりになります。それこそが真のキャリア教育だと思います。

障害者基本法（抄）

第1章　総則

第1条（目的）　この法律は，全ての国民が，障害の有無にかかわらず，等しく基本的人権を享有するかけがえのない個人として尊重されるものであるとの理念にのっとり，全ての国民が，障害の有無によって分け隔てられることなく，相互に人格と個性を尊重し合いながら共生する社会を実現するため，障害者の自立及び社会参加の支援等のための施策に関し，基本原則を定め，及び国，地方公共団体等の責務を明らかにするとともに，障害者の自立及び社会参加の支援等のための施策の基本となる事項を定めること等により，障害者の自立及び社会参加の支援等のための施策を総合的かつ計画的に推進することを目的とする。

第2条（定義）　この法律において，次の各号に掲げる用語の意義は，それぞれ当該各号に定めるところによる。

一　障害者　身体障害，知的障害，精神障害（発達障害を含む。）その他の心身の機能の障害（以下「障害」と総称する。）がある者であって，障害及び社会的障壁により継続的に日常生活又は社会生活に相当な制限を受ける状態にあるものをいう。

二　社会的障壁　障害がある者にとって日常生活又は社会生活を営む上で障壁となるような社会における事物，制度，慣行，観念その他一切のものをいう。

第3条（地域社会における共生等）　第1条に規定する社会の実現は，全ての障害者が，障害者でない者と等しく，基本的人権を享有する個人としてその尊厳が重んぜられ，その尊厳にふさわしい生活を保障される権利を有することを前提としつつ，次に掲げる事項を旨として図られなければならない。

一　全て障害者は，社会を構成する一員として社会，経済，文化その他あらゆる分野の活動に参加する機会が確保されること。

二　全て障害者は，可能な限り，どこで誰と生活するかについての選択の機会が確保され，地域社会において他の人々と共生することを妨げられないこと。

三　全て障害者は，可能な限り，言語（手話を含む。）その他の意思疎通のための手段についての選択の機会が確保されるとともに，情報の取得又は利用のための手段についての選択の機会の拡大が図られること。

第４条（差別の禁止）　何人も，障害者に対して，障害を理由として，差別することその他の権利利益を侵害する行為をしてはならない。

2　社会的障壁の除去は，それを必要としている障害者が現に存し，かつ，その実施に伴う負担が過重でないときは，それを怠ることによって前項の規定に違反することとならないよう，その実施について必要かつ合理的な配慮がされなければならない。

3　国は，第１項の規定に違反する行為の防止に関する啓発及び知識の普及を図るため，当該行為の防止を図るために必要となる情報の収集，整理及び提供を行うものとする。

第５条（国際的協調）　第１条に規定する社会の実現は，そのための施策が国際社会における取組と密接な関係を有していることに鑑み，国際的協調の下に図られなければならない。

第６条（国及び地方公共団体の責務）　国及び地方公共団体は，第１条に規定する社会の実現を図るため，前３条に定める基本原則（以下「基本原則」という。）にのっとり，障害者の自立及び社会参加の支援等のための施策を総合的かつ計画的に実施する責務を有する。

第７条（国民の理解）　国及び地方公共団体は，基本原則に関する国民の理解を深めるよう必要な施策を講じなければならない。

第８条（国民の責務）　国民は，基本原則にのっとり，第１条に規定する社会の実現に寄与するよう努めなければならない。

第9条（障害者週間）　国民の間に広く基本原則に関する関心と理解を深めるとともに，障害者が社会，経済，文化その他あらゆる分野の活動に参加することを促進するため，障害者週間を設ける。

2　障害者週間は，12月3日から12月9日までの1週間とする。

3　国及び地方公共団体は，障害者の自立及び社会参加の支援等に関する活動を行う民間の団体等と相互に緊密な連携協力を図りながら，障害者週間の趣旨にふさわしい事業を実施するよう努めなければならない。

第10条（施策の基本方針）　障害者の自立及び社会参加の支援等のための施策は，障害者の性別，年齢，障害の状態及び生活の実態に応じて，かつ，有機的連携の下に総合的に，策定され，及び実施されなければならない。

2　国及び地方公共団体は，障害者の自立及び社会参加の支援等のための施策を講ずるに当たっては，障害者その他の関係者の意見を聴き，その意見を尊重するよう努めなければならない。

第11条（障害者基本計画等）　政府は，障害者の自立及び社会参加の支援等のための施策の総合的かつ計画的な推進を図るため，障害者のための施策に関する基本的な計画（以下「障害者基本計画」という。）を策定しなければならない。

2　都道府県は，障害者基本計画を基本とするとともに，当該都道府県における障害者の状況等を踏まえ，当該都道府県における障害者のための施策に関する基本的な計画（以下「都道府県障害者計画」という。）を策定しなければならない。

3　市町村は，障害者基本計画及び都道府県障害者計画を基本とするとともに，当該市町村における障害者の状況等を踏まえ，当該市町村における障害者のための施策に関する基本的な計画（以下「市町村障害者計画」という。）を策定しなければならない。

以下省略

【参考文献】

小寺正一・藤永芳純編『四訂　道徳教育を学ぶ人のために』2016，世界思想社

文部科学省『わたしたちの道徳　小学校1・2年』2017，文溪堂

宮﨑英憲監修『学習指導要領改訂のポイント　特別支援学校』2017，明治図書

永田繁雄編著『小学校新学習指導要領の展開　特別の教科　道徳』2016，明治図書

佐藤幸司『スペシャリスト直伝！小学校道徳授業成功の極意』2014，明治図書

林泰成監修『特別の教科　道徳の授業づくりチャレンジ　低学年』2013，明治図書

中野陸夫編『早わかり人権教育小事典』2003，明治図書

清水保徳編著『「道徳シート」を活用した道徳授業　小学校中学年』2003，明治図書

特別支援教育研究 No.689『知的障害教育における道徳教育』2015，東洋館出版

佐藤幸司編著『とっておきの道徳授業』2001，日本標準

小川信夫『恥ずかしくて聞けない道徳指導50の疑問』2010，黎明書房

高橋勝編著『教職シリーズ4　道徳教育論』2011，培風館

梅原猛『梅原猛の授業　道徳』2003，朝日新聞社

横田弘『障害者殺しの思想（増補新装版）』2015，現代書館

DPI 日本会議編『障害者が街を歩けば差別に当たる!?』2017，現代書館

ホーキング青山『考える障害者』2017，新潮社

河野秀忠『障害者市民ものがたり』2007，NHK 出版

高谷清『重い障害を生きるということ』2011，岩波書店

藤原和博『新しい道徳』2007，筑摩書房

北野武『新しい道徳』2015，幻冬舎

ジェリー・ミンチントン『自分の価値に気づくヒント』2016，ディスカヴァー・トゥエンティワン

姜昌勲『あなたのまわりの「コミュ障」な人たち』2012，ディスカヴァー・トゥエンティワン

滝川一廣『「こころ」はどこで育つのか　発達障害を考える』2012，洋泉社

山本譲司『累犯障害者』2009，新潮社

千葉県立香取特別支援学校『平成28年度実践のまとめ　かとり』2017

おわりに

　この本を書くきっかけになったのは，千葉県立香取特別支援学校研究主任の浅沼由加里先生から，「道徳教育の研究指定校になったのですが，知的障害の児童生徒の道徳を考えていけばいくほど，ライフキャリア教育と似てくるんです。そこで道徳とライフキャリア教育を絡めた形で話してもらえませんか」と，講演依頼をいただいたことからでした。正直に言って私は現職中に道徳教育を真剣に考えたことも真面目に実践したこともありません。なので「道徳教育に長けた先生にお願いしたら」と半ばお断りしようと思っていました。ところが「ライフキャリア教育に似ている」と言われれば，確かに私自身もそれを薄々感じていたところだったので，私も一緒に勉強するということであればと，引き受けることにしました。そしてこれが，「一人一人がより豊かに生きるための道徳教育の在り方～キャリア教育の視点を取り入れた道徳授業を通して～」というテーマで，平成28年度の全国特別支援学校知的障害教育校長会（全知長）公開研究会一覧としてホームページで紹介されることになりました。

　私がライフキャリア教育の職員研修や校内研究で多くの特別支援学校と関わっている千葉県では，数年前から，どの教科，領域の学習指導案にも，「道徳的観点」という項目が見られるようになりました。道徳教育推進教師のもと，知的障害特別支援学校の小・中学部でも道徳の時間が特設されているところがかなりあり，その指導案の一部は，実践事例として県のホームページ（https://www.pref.chiba.lg.jp/kyouiku/shien/doutokukyouikujisenjireishu.html）でも発信され，誰でも参考にすることができます。

　その縁で，千葉県立袖ケ浦特別支援学校では，「ライフキャリア教育の視点を取り入れた重度重複の児童生徒への道徳教育」という話をさせていただき，これこそが特別支援教育における道徳教育のメインテーマだとはっきりしました。第1章と第6章にかなりの紙面を割いた理由です。

これまでの4冊と比べ，かなり思いの詰まったラジカルな内容であったにもかかわらず，細部にわたり適切な助言をいただき，出版の労をとってくださった佐藤智恵さんをはじめ明治図書の方々には深く感謝いたします。

　最後になりましたが，平成29年度に御縁のあった学校や関係団体の皆様のお名前を記させていただきます。皆さんと出会えて，私自身のキャリア発達を日々実感できました。この場を借りて厚く御礼申し上げます。

　　茨城県立結城特別支援学校，茨城県立伊奈特別支援学校
　　千葉県立習志野特別支援学校，千葉県立松戸特別支援学校
　　千葉県立袖ケ浦特別支援学校，千葉県立夷隅特別支援学校
　　埼玉県立草加かがやき特別支援学校，横須賀市立養護学校
　　神奈川県立瀬谷養護学校，神奈川県立高津養護学校
　　神奈川県立岩戸養護学校，神奈川県立金沢養護学校
　　神奈川県立みどり養護学校，神奈川県立横浜南養護学校
　　三重県立城山特別支援学校，三重県立杉の子特別支援学校
　　三重県立杉の子特別支援学校石薬師分校
　　三重県立特別支援学校北勢きらら学園
　　三重県立特別支援学校西日野にじ学園
　　神戸市立友生支援学校，神戸市教育委員会
　　鳥取県立倉吉養護学校
　　福岡市立福岡中央特別支援学校
　　長崎県立川棚特別支援学校
　　大和市こども部すくすく子育て課
　　神奈川LD等発達障害児・者親の会　にじの会

　そして何より，千葉県立香取特別支援学校の浅沼由加里先生，本当にありがとうございました。

【著者紹介】
渡邉　昭宏（わたなべ　あきひろ）
1955年東京生まれ。都立石神井高等学校，中央大学商学部卒業後，神奈川県立平塚盲学校，県立伊勢原養護学校，横浜国立大学附属養護学校，川崎市立田島養護学校，県立武山養護学校，県立みどり養護学校教頭を経て県立金沢養護学校副校長。2013年3月後進に道を譲り退職。
35年間特別支援教育に携わり，うち10年間進路専任に従事。
第61回読売教育賞において特別支援教育部門最優秀賞。
現在，認定NPO法人 横浜移動サービス協議会評議員。
神奈川県横須賀市在住。
日本リハビリテーション連携科学学会会員。
連絡先　watanabe.aci@jcom.home.ne.jp
〈著書〉『みんなのライフキャリア教育』2013，明治図書
　　　　『教科の授業 de ライフキャリア教育』2014，明治図書
　　　　『自立活動の授業 de ライフキャリア教育』2015，明治図書
　　　　『保護者の願いに応える！　ライフキャリア教育』2017，明治図書

〔本文イラスト〕みやび　なぎさ

特別支援学校＆学級で学ぶ！
「特別の教科　道徳」とライフキャリア教育
—生きる力をつけて生きる意味と生き方を学ぶ—

| 2018年9月初版第1刷刊 | ©著　者　渡　邉　昭　宏 |
| 2020年7月初版第2刷刊 | 発行者　藤　原　光　政 |

発行所　明治図書出版株式会社
　　　　http://www.meijitosho.co.jp
　　　　(企画)佐藤智恵 (校正)㈱友人社
　　　　〒114-0023　東京都北区滝野川7-46-1
　　　　振替00160-5-151318　電話03(5907)6703
　　　　　　　　ご注文窓口　電話03(5907)6668

＊検印省略　　組版所　長野印刷商工株式会社

本書の無断コピーは，著作権・出版権にふれます。ご注意ください。

Printed in Japan　　　　　　　ISBN978-4-18-269714-2
もれなくクーポンがもらえる！読者アンケートはこちらから　→

特別支援教育サポートBOOKS

手先が不器用な子どもの 感覚と運動を育む 遊びアイデア

太田篤志 著

感覚統合を活かした支援のヒント

遊びで手の動作を育もう！

はさみで切るのが苦手

ボタンが留められない

感覚が過敏すぎる

発達障害のある子などクラスには箸が上手に使えない、鉛筆の持ち方が違うなど手先の不器用さが気になる子どもがいます。本書では苦手な動作を訓練的に行うのではなく遊びを通して関連要素に働きかけ土台の力を育むアイデアを紹介。子どもが自信をもてるように支援します。

2327・B5判・112頁・2200円+税

自立活動に取り入れたい！
発達に障害のある子どものための とけあい動作法

今野義孝 著

自立活動の授業に「動作法」を取り入れませんか？ふわ〜ぴた〜とあたたかく触れる指導者の手で子どもの心と身体をほぐし、困難を改善できます。こだわり行動がある子、情動・行動コントロールの困難な子など具体的な困難の例をあげてその指導法を解説しています。

2627・A5判・136頁・1860円+税

全員参加！全員熱中！大盛り上がりの指導術
読み書きが苦手な子もイキイキ 唱えて覚える 漢字指導法

道村静江 著

どうしたら漢字を楽しく確実に学べるか研究しつくしてきた著者が明かす指導の手立てをまとめた。通常の学級の読み書きが苦手な子どももノリノリ、書かずに口で言えればよい！トメハネハライは気にしない！音読カード不要…と目からウロコ、効果バツグンの指導方法です。

1117・四六判・192頁・1800円+税

明治図書 携帯・スマートフォンからは **明治図書ONLINEへ** 書籍の検索、注文ができます。▶▶▶

http://www.meijitosho.co.jp　＊併記4桁の図書番号（英数字）でHP、携帯での検索・注文が簡単に行えます。

〒114-0023　東京都北区滝野川7-46-1　ご注文窓口　TEL 03-5907-6668　FAX 050-3156-2790